초등학생을 위한 위인 1

# 베토벤

글 **고시미즈 리에코** | 그림 **욘**
감수 **히라노 아키라** | 번역 **이미향**

 ## 위대한 작곡가 베토벤은 어떤 사람일까요?

**전 세계에서 사랑받는 수많은 명곡을 만들었어요!**

**새로운 것을 잇달아 도입했어요!**

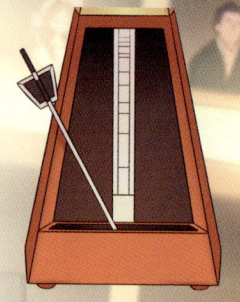

피아노곡을 비롯하여 오케스트라 연주곡, 합창곡 등에 이르기까지, 200년이 지난 지금까지도 많은 사람에게 사랑받는 명곡들을 작곡했어요.

음악의 빠르기(템포)를 알 수 있는 '메트로놈'이라는 도구를 활용하는 등 많은 것들을 음악 활동에 처음으로 도입했어요.

 ## 독일에서 태어나 오스트리아에서 활동했어요!

**본**
베토벤이 태어나 자란 곳.

**빈**
당시 많은 음악가들이 머물러 살며 활발하게 음악 활동을 펼치던 곳. 베토벤도 이곳에서 활동해요.

※ 이 지도와 나라 이름은 현대를 기준으로 표기했습니다.

## 어릴 때부터
## 피아노 치는 것을
## 무척 좋아했어요!

소년 시절부터 열심히 피아노를 연습하고
여러 선생님에게서 가르침을 받았어요.
시간이 흐르며 수많은 명곡을 작곡했지만,
베토벤의 인생은 늘 힘들고 외로웠어요.

# 베토벤의 주변 인물들

베토벤의 가족과 친구, 그와 교류하던 음악가를 소개할게요.

## 가족

**어머니(마리아)**
다정하고 이해심이 많아요.

**아버지(요한)**
궁정 악단의 가수. 그다지 성실한 편은 아니에요.

**조카(카를)**
첫째 남동생의 아들. 훗날 베토벤이 아들로 삼아요.

**할아버지(루트비히)**
궁정 악단을 지휘하는 악장이자, 요한의 아버지예요.

**베토벤의 친구** 그리고 **교류하던 음악가**

### 베겔러
베토벤과 무척 친한 의사예요.

### 모차르트
베토벤이 무척 동경하던 천재 음악가예요.

### 네페
베토벤의 재능을 알아본 피아노 선생님이에요.

### 엘레오노레
귀족의 딸로, 베토벤에게 피아노를 배워요.

### 하이든
베토벤의 피아노 선생님이자 유명한 음악가예요.

# 베토벤에게 연달아 일어난 엄청난 사건들!

베토벤은 집안 형편이 더욱 나빠지고 귀가 안 들리게 되는 등 계속 힘든 상황에 처해요.

집이 가난해서 생활비가 없어요

집안이 가난했던 베토벤은 가족들의 생활비를 벌기 위해 열심히 오르간을 연주하고 피아노를 가르쳤어요.

## 청력을 잃어요

베토벤은 음악가로 활동하던 스물일곱 살 무렵부터 귀가 점점 안 들리기 시작했어요. 이 사실을 누구에게도 말하지 못한 채 괴로운 날들을 보내요.

## 어린 조카를 남기고 남동생이 세상을 떠나요

남동생이 젊은 나이에 죽자, 베토벤은 남동생의 아들 카를을 양자로 삼아요. 그는 조카를 자기 아들처럼 여기며 소중히 키우는데……

나 베토벤이 이렇게 힘든 상황을 어떻게 극복해 나가는지 함께 읽어 볼래?

# 차례

- 인물 소개 …… 2
- 1 궁정 악장이었던 할아버지 …… 12
- 2 네페 선생님 …… 29
- 3 첫사랑 …… 47
- 4 동경하는 모차르트 …… 59
- 5 또다시 빈으로 …… 78

※ 이 책은 2018년 6월 기준의 정보를 바탕으로 하지만, 내용에 따라서는 다른 의견도 존재함을 일러둡니다. 인물의 대사나 일부 에피소드는 역사적인 설정이나 사실에 기반하며, 삽화는 역사적인 사실에 충실하면서도 초등학생의 흥미를 돋울 수 있도록 친근하게 그렸습니다.

**6** 악마의 신음 소리 …… 93

**7** 남동생들에게 쓴 편지 …… 106

**8** 기쁨의 노래 …… 125

인물에 관하여 …… 142

더욱더 알고 싶은 베토벤 이야기 …… 144

베토벤 연표 …… 146

올바른 독서 방법·147 | 더 생각해 보기·148

편지 쓰기·150 | 독서 기록장·152

# 1 궁정 악장이었던 할아버지

"아기가 태어났어? 사내아이라고?"

큰 소리로 외치며 집으로 뛰어 들어온 사람은 할아버지 루트비히였어요. 침대에 누운 채 막 태어난 아기의 뺨을 쓰다듬던 어머니 마리아는 "어머나! 아버님, 와 주셨네요?" 하며 금세 눈물을 글썽거렸어요. 전날부터 아기를 낳기 위해 고통스러워하는 모습을 지켜보던 아버지 요한이 급히 할아버지에게 알린 것이었지요.

"마리아, 축하한다! 참으로 대견하구나. 베토벤 집안에 멋진 후계자가 탄생하다니! 이 아이에게 내 이름 루트비히를 물려주마."

할아버지가 아기 곁으로 다가오며 마리아를 축하해 주었어요.

1770년 12월 17일, 루트비히 판 베토벤은 이렇게 독일의 본이라는 도시에서 태어났어요.

본에는 왕이 사는 호화로운 궁정*이 있었어요. 베토벤의 할아버지와 아버지는 왕에게 직접 속한 궁정 악단에서 일했어요. 베토벤의 할아버지는 악단을 지휘하는 악장이었고, 아버지인 요한은 가수였어요.

"감사합니다, 아버님."

어머니가 할아버지에게 인사를 했어요.

"내 아들 요한이 성실하게 일하지 않고 빈둥거리는 바람에 마리아 네가 고생 많았다. 앞으로는 이 손자를 위해서라도 내가 있는 힘껏 도와주마."

할아버지의 말씀을 듣고 어머니는 눈물을 주르르 흘렸어요.

"오늘은 참으로 멋진 날이로구나. 축하하는 뜻에서 노래를 불러 주마."

*궁정: 왕이 머물러 살거나 정치를 하는 곳.

원래 궁정에 소속된 가수였던 할아버지는 부드러운 목소리로 노래를 부르기 시작했어요.
　어머니는 아직 아무것도 모르는 아기가 할아버지의 노랫소리에 작은 입을 벌리고 손발을 꼬물꼬물 움직이는 것을 보고는 놀라서 미소 지었어요.
　"아버님, 루트비히가 노래를 듣고 기뻐하네요!"
　"오, 아기가 음악을 좋아하는 것 같구나!"
　그 모습을 보며 할아버지도 기뻐했어요.
　그 후로 할아버지는 여러 가지로 어머니를 도와주었어요.
　하지만 아버지인 요한은 할아버지가 생활비로 준 돈까지 카드놀이에 모조리 써 버렸어요. 그 바람에 어머니의 고생은 계속되었지요.
　할아버지는 때때로 어머니를 위로하러 집으로 찾아와 주었어요.

그때마다 아끼는 손자 베토벤을 위해 피아노를 연주하거나 노래를 불러 주곤 했어요.
"루트비히, 오늘은 겨우 여섯 살이라는 어린 나이에 피아니스트로 데뷔*한 천재 음악가 모차르트의

곡을 연주해 주마. 이 곡을 들으면 기운이 날 거야. 잘 들어 보렴."

어느 날 할아버지는 피아노 앞에 앉아 통통 튀는 듯한 경쾌한 멜로디를 연주해 주었어요.

곧 세 살이 되는 베토벤은 할아버지에게 찰싹 달라붙어 연주를 들었지요. 그러고는 까르르 웃으며 좋아했어요.

피아노를 연주하는 할아버지의 긴 손가락이 마법처럼 움직이는 모습이 너무 신기한 나머지, 베토벤도 할아버지를 흉내 내며 피아노 건반을 두드렸어요.

그 모습을 보고 할아버지는 무척 기뻐했어요.

"놀랍구나. 이 아이에게는 음악적 재능이 있는 게 틀림없어!"

할아버지는 베토벤을 본에 있는 궁정에도 데리고 가 주었어요.

*데뷔: 처음으로 등장하거나 발표하는 것.

"본의 왕은 음악을 무척 사랑하는 분이야. 그래서 악단도 소중하게 여기신단다."

할아버지는 그렇게 말하더니 경쾌하게 노래를 부르기 시작했어요.

눈앞에 펼쳐진 궁정의 아름다움과 할아버지의 신나는 노래는 어린 베토벤에게 큰 감동을 주었지요.

"나도 음악가가 될 거야!"

베토벤이 그렇게 말하자, 때마침 궁정의 높은 탑에서 종소리가 크게 울려 퍼졌어요. 마치 베토벤이 한 말을 축복해 주는 것 같았어요.

하지만 베토벤이 세 번째 생일을 맞고 며칠 지나지 않은 크리스마스이브 날, 할아버지는 병으로 갑자기 세상을 떠나고 말았어요.

그 소식을 듣고 어머니와 베토벤은 할아버지의 집으로 급히 달려갔어요.

"안 돼! 할아버지, 눈 좀 떠 보세요!"

베토벤은 할아버지가 누워 있는 침대를 붙들고 울며 매달렸어요.

할아버지는 마치 잠자듯 두 눈을 감고 있었어요. 피아노를 칠 때면 마법처럼 움직이던 손가락도 더 이상 움직이지 않았지요.

어머니는 눈물을 흘리며 베토벤을 꽉 껴안았어요.

집안의 살림을 책임지던 할아버지가 세상을 떠나자, 베토벤 가족은 또다시 궁핍한 생활을 해야만 했어요.

베토벤의 아버지 요한은 친구를 좋아하는 유쾌한 성격이었어요. 하지만 술을 지나치게 자주 마시는 것이 단점이었지요. 술을 얼마나 즐겨 마셨는지, 심지어 음악보다 술을 더 좋아한다는 말을 들을 정도였어요.

베토벤의 어머니 마리아는 무척 다정한 사람이었지만, 몸이 약해 자주 아파서 드러눕곤 했어요.

아버지가 궁정 악단의 가수로 일하며 받는 돈은 얼마 되지 않았어요.

그런데 아버지는 그 적은 돈마저 카드놀이에 죄다 써 버렸어요. 난처해진 어머니는 아버지에게 부탁했어요.

"요한, 부탁이에요. 앞으로는 돈을 낭비하지 말아 주세요."

"알았어, 알았어."

그 후 다행히도 아버지가 카드놀이를 하러 나가는 일은 줄었지만, 궁핍한 생활은 계속 이어졌어요.

이듬해 남동생 카를이 태어났어요. 베토벤은 남동생을 잘 돌봐 주는 다정한 형이었지요.

한편, 베토벤은 시간이 날 때마다 할아버지를 그리워하며 피아노 앞에 앉아 있는 날이 많아졌어요.

그러던 어느 날, 베토벤은 할아버지가 연주하던 곡을 기억해 내서 그대로 연주해 보았어요.

"뭐, 뭐야. 네가 연주한 거야?"

그 소리를 들은 아버지가 놀라서 피아노 곁으로 다가왔어요.

"잘됐다! 오늘부터 넌 음악가를 목표로 연습하는 거야. 내가 가르쳐 주마."

아버지가 말했어요.

그 당시 빈에서는 모차르트라는 젊은 음악가가 큰 인기를 끌고 있었어요. 모차르트는 네 살 때부터 피아노 신동*이라는 말을 들었고, 여섯 살부터는 유럽을 돌아다니며 연주회를 열어 커다란 성공을 거둔 천재였어요.

*신동: 뛰어난 재능을 가진 아이.

아버지는 어린 베토벤을 제2의 모차르트로 키우기로 결심했어요.

'우리 루트비히도 모차르트처럼 유럽을 돌아다니며 연주회를 열게 된다면, 나도 크게 한몫을 챙길 수 있겠지! 그렇게만 되면 이 지긋지긋한 가난을 벗어날 수 있을 거야.'

그 후부터 아버지는 베토벤을 매우 심하게 다그치며 가르쳤어요.

"잘 들어, 루트비히. 네 멋대로 연주하는 게 아니야. 악보대로, 제대로 해야 한다고."

연습이 즐겁기만 한 건 아니었지만, 베토벤은 더 잘하고 싶은 마음에 온 힘을 다해 열심히 연습을 계속했어요.

베토벤이 여섯 살이 되던 해, 둘째 남동생 요한이 태어났어요.

베토벤은 첫째 남동생인 카를과 마찬가지로 요한도 잘 돌봐 주며 예뻐했어요.

그다음 해의 어느 날 밤이었어요.

"불이야!"

아버지의 다급한 외침에 베토벤 가족은 서둘러 집 밖으로 뛰쳐나갔어요.

할아버지가 종종 데려가 구경시켜 주던 본의 궁정이 불에 타고 있었어요.

어두운 밤하늘 위로 새빨간 불길이 솟구치는 것이 보였고, 궁정의 높은 탑에서는 황급히 종을 치기 시작했어요.

"할아버지와 함께 갔던 성이 불타고 있어!"

베토벤은 넋을 잃은 채 그저 멍하니 서 있을 뿐이었지요. 그 성은 베토벤과 할아버지의 소중한 추억 중 하나였어요.

거센 바람을 타고 번진 불길이 궁정을 온통 뒤덮어 버리더니, 이윽고 종이 울리던 탑까지 불길에 휩싸였어요.

이 광경을 바라보던 베토벤은 슬퍼서 눈물을 글썽였어요.

'할아버지, 할아버지랑 함께 갔던 성이……!'

어머니는 흐느껴 우는 베토벤을 꼭 껴안아 주었어요. 베토벤은 할아버지와의 추억마저 잃어버린 듯한 슬픔에 밤새도록 어머니의 품에서 울었어요.

그 당시 베토벤 가족은 라인강 근처에서 살고 있었어요. 날씨가 좋은 날이면, 반짝반짝 빛나는 라인강 위로 하얀 돛을 단 배나 숲의 나무를 잘라 이어 붙인 뗏목이 떠다녔어요.

강에서 피어오르는 안개에 둘러싸인 나무들 너머로는 푸르스름한 산이 보였어요.

그 사이로 오래된 성들이 우뚝 솟아 있었지요.

"할아버지, 경치가 정말 아름다워요."

베토벤은 홀로 강가에 갈 때면, 마치 할아버지가 곁에 있는 것처럼 늘 말을 걸곤 했어요.

그런 가운데 아버지의 엄격한 피아노 수업은 날마다 쉬지 않고 이어졌어요.

"마음속에 떠오른 멜로디를 조금 더 자유롭게 연주해 보고 싶어요."

베토벤이 아버지에게 부탁했어요.

"안 돼. 지금은 악보 그대로 연주해서 기술을 익혀야 해."

하지만 아버지는 좀처럼 베토벤의 말을 들어주지 않았어요.

'언젠간 이 아름다운 경치를 내 곡에 담아 연주해 보고 싶어.'

## 2 네페 선생님

"루트비히, 기쁜 소식이야! 이번에 본의 궁정에서 연주회가 열리는데, 거기에서 네가 피아노를 칠 수 있게 됐지 뭐냐."
아버지가 황급히 방으로 뛰어 들어오며 큰 소리로 외쳤어요.

궁정 악단의 단원들이 베토벤의 피아노 연주를 듣고 감탄하여, 왕 앞에서 연주해 주기를 바란다고 했어요.

"어머, 이 아이는 아직 어려요. 많은 사람들 앞에서 어떻게 연주를……."

어머니는 아직 어린 베토벤을 걱정했어요. 하지만 아버지는 아랑곳하지 않고 말했어요.

"무슨 소리를 하는 거야? 신동으로 불린 모차르트는 겨우 여섯 살 때 연주회에 데뷔했는데. 루트비히도 잘할 테니 걱정하지 마."

연주회가 열리는 날, 아버지는 베토벤을 데리고 궁정으로 가는 동안에도 몇 번이나 주의를 주었어요.

"잘해야 한다. 실수하면 안 돼!"

"네, 아버지."

베토벤이 고개를 끄덕이며 말했어요.

"이런 기회는 좀처럼 오지 않아. 그러니 이번에 네 실력을 확실히 보여 줘야 해. 알겠지?"

"네!"

긴장한 베토벤이 주먹을 꼭 쥐며 떨리는 목소리로 대답했어요.

연주회에는 궁정에서 일하는 수많은 사람들과 귀족들이 와 있었어요. 트럼펫이 팡파르*를 울리자, 왕이 모습을 드러냈어요. 오케스트라 연주가 끝나고, 드디어 베토벤의 이름이 불렸어요.

"오늘 피아노를 연주할 연주자는 루트비히 판 베토벤입니다."

사람들이 힘차게 박수를 쳤어요.

베토벤은 무대 위 피아노가 있는 곳으로 걸어가서 정중하게 인사한 뒤, 피아노 앞에 앉았어요.

'할아버지, 부디 제 연주를 들어 주세요.'

---

*팡파르: 행사 등에 사용하는 트럼펫이나 호른의 소리.

베토벤은 마음속으로 할아버지에게 간절히 부탁했어요. 피아노 연주가 시작되고 아름다운 건반 소리가 울려 퍼졌어요.

베토벤의 마음은 아득히 먼 세계로 날아갔어요. 베토벤은 반짝반짝 빛을 내며 하늘하늘 춤추는 듯한 자신의 마음을 맑은 멜로디로 연주했어요.

"와-!"

크게 터져 나온 환호성에 베토벤은 번쩍 정신이 들었어요. 베토벤은 자리에서 일어나 청중을 향해 허리를 굽혀 인사했어요.

"자, 이쪽으로."

누군가의 안내를 받아 따라가 보니, 그곳에는 왕이 있었어요.

"네 이름이 루트비히라고 했던가? 정말 훌륭한 연주로구나."

왕이 상냥하게 말했어요.

"감사합니다."

어느새 베토벤을 뒤따라온 아버지가 대신 대답했어요.

"이 아이는 훌륭한 음악가가 될 거요. 그러니 앞으로 좋은 선생님에게 배우도록 잘 지도하시오."

왕이 미소 지으며 말했어요.

어린 베토벤의 연주는 본에서 엄청난 화제를 모았어요. 이에 아버지는 곧 쾰른이라는 도시에서도 큰 규모의 연주회를 열기로 했지요.

이번에는 베토벤의 이름이 연주자 명단에 올랐어요. 이로써 베토벤은 정식 피아니스트로 당당히 데뷔하게 되었어요.

쾰른에서 열린 공연에는 본의 궁정에서 열린 공연 때보다 훨씬 더 많은 사람들이 모였어요.

"올해 여섯 살인 베토벤입니다."

사실 베토벤은 당시 일곱 살이었어요. 하지만 모차르트에게 지는 걸 원하지 않았던 아버지의 강요 때문에 나이를 속여야 했지요.

베토벤의 첫 연주회에 대한 평가는 아버지가 기대했던 것만큼 좋지는 않았어요.

"잘하긴 하는데, 모차르트만큼은 아니네."

이런 말도 들려왔어요.

베토벤을 직접 훈련시켜 온 아버지도 자신의 한계를 느끼고 있었어요.

'내가 가르칠 수 있는 건 모두 가르쳤어. 본의 왕께서도 말씀하셨듯 이제 좋은 선생을 본격적으로 찾아봐야겠군.'

그 후, 베토벤은 궁정 악단 단원들을 시작으로 여러 선생님들에게서 피아노를 배우게 되었어요.

다행히도 베토벤의 연주 실력은 점점 더 좋아졌어요. 피아노뿐 아니라 바이올린이나 비올라도 배웠지요. 그러나 아버지인 요한은 여전히 베토벤의 연주에 만족하지 않았어요.

'그래, 최근에 새롭게 궁정 악단의 오르간*연주자가 된 네페는 어떨까? 연주 실력도 좋고 작곡가이기도 하니까, 루트비히에게 좋은 선생님이 돼 줄 것 같은데!'

아버지는 즉시 베토벤을 데리고 네페 선생님을 찾아갔어요.

네페 선생님은 교양 있고 재능이 풍부한 사람이었어요. 30대 중반의 나이에 이미 음악가로서 이름을 널리 알리고 있었지요.

베토벤의 부모도 네페 선생님에게 거는 기대가 컸어요.

*오르간: 여기서는 파이프 오르간을 말해요. 거대한 악기로, 건반을 두드리면 공기가 파이프를 울려 무척 커다란 소리가 나요.

"이 아이를 제게 맡기겠다고요? 정말입니까? 재능 있는 제자를 기르는 것은 음악가에게 말할 수 없이 커다란 기쁨이지요. 제가 루트비히를 맡아 가르치겠습니다."

　네페 선생님은 베토벤을 반갑게 맞아 주었어요.

네페 선생님도 이미 어린 베토벤의 이름을 들어서 알고 있었어요.

"루트비히, 너는 천재가 분명해. 하지만 우선 기초부터 제대로 배우는 게 좋겠어."

베토벤의 연주를 들은 네페 선생님이 말했어요.

기초적인 기술은 부족한 듯 보였으나, 마치 하늘에서 내려온 천사처럼 눈 깜짝할 사이에 사람들에게 감동을 주는 이 소년에게 네페 선생님은 운명과도 같은 감정을 느꼈어요.

그날부터 네페 선생님의 개인 교습이 시작되었어요. 네페 선생님은 성격이 온화해 좀처럼 화를 내지 않았어요.

"명심해, 루트비히. 너는 모차르트의 곡을 많이 연습하는 것 같은데, 앞으로는 바흐의 곡도 연습하렴. 그러다 보면 다양한 곡을 연주할 수 있게 될 거야."

베토벤은 그때부터 바흐의 음악에 푹 빠졌어요. 바흐는 '음악의 아버지'로 불리는 독일의 유명한 작곡가였어요. 바흐의 곡은 베토벤이 지금까지 연습했던 곡들과는 다른 매력이 있었지요.

네페 선생님은 이런 말도 해 주었어요.

"음악이란 사람의 마음을 소리로 표현하는 거란다. 그리고 연주하는 동안 마음속에 떠오르는 풍경을 소중히 여겨야 해."

네페 선생님의 가르침 덕에 이제 막 연주자로서 싹을 틔운 베토벤은 햇빛을 향해 빠르게 뻗어 나가는 어린잎처럼 곧고 크게 성장해 나갔어요.

곧 베토벤은 네페 선생님의 믿음직스러운 제자가 되었어요. 때때로 네페 선생님을 대신해서 궁정 오르간 연주를 맡기도 했지요.

베토벤이 열두 살 되던 해의 일이었어요.

"루트비히, 그냥 악보대로만 연주하지 말고, 네 마음속에 떠오르는 풍경을 담아서 피아노 건반을 두드려 봐. 자, 이 곡은 어때? 이 행진곡을 네 마음대로 자유롭게 표현해 보는 거야."

네페 선생님이 말했어요.

"자유롭게요?"

베토벤은 네페 선생님의 얼굴을 올려다보았어요.

"그래, 자유롭게. 네 마음에 떠오르는 풍경 그대로."

네페 선생님이 고개를 끄덕였어요.

"네!"

베토벤은 곧바로 연주를 시작했어요.

처음에는 천천히 그리고 망설이는 듯했지만 조금씩 흐르던 음색은 어느덧 베토벤의 마음에 작은 불을 지폈어요. 그러자 자연스럽게 양쪽 손가락이 건반을 가볍게 튕기기 시작했지요.

그 음색은 마치 반짝이는 빛이 쏟아지는 가운데 사람과 꽃이 바람을 타고 함께 뛰어오르며 춤추고, 모두가 그 빛을 향해 날아오르는 듯 들렸어요.

정신 차리고 보니, 베토벤은 무려 아홉 곡이나 즉흥적으로 작곡해서 연주하고 있었어요.

"정말 멋진걸! 혼자 듣기에는 너무 아까워. 좋은 생각이 났단다. 이 곡을 악보로 만들어 세상에 널리 알리자꾸나."

네페 선생님이 크게 손뼉을 치며 말했어요.

"네? 제 곡을요?"

베토벤이 눈을 동그랗게 뜨고 물었어요.

"그래. 루트비히, 너는 백 년에 한 명 나올까 말까 하는 천재야. 장차 훌륭한 작곡가가 될 거다!"

네페 선생님은 기대에 찬 눈빛으로 베토벤을 바라보며 힘주어 말했어요.

이렇게 하여 베토벤은 겨우 열두 살 때 『드레슬러 행진곡 주제에 의한 아홉 개의 변주곡』을 악보로 만들어 출판했어요.

베토벤은 할아버지와 아버지에 이어 그 자신도 신세를 지고 있는 본의 왕에게도 곡을 만들어 선물했어요.

엄숙하면서도 밝고 경쾌한 분위기의 곡인 『세 개의 피아노 소나타』였지요.

이로써 베토벤은 음악가, 작곡가로서 첫발을 내디뎠어요.

그러던 어느 날, 어머니가 기침을 하며 열이 오르더니 가슴에 통증을 느껴 자리에 눕게 되었어요.

베토벤이 의사를 불렀지만, 바쁜지 좀처럼 와 주지 않았지요. 결국 의사 대신 찾아온 사람은 젊은 수습생*이었어요.

*수습생: 어떤 일을 배워 익히며 일하는 사람.

젊은이는 열일곱 살이나 열여덟 살 정도로, 베토벤과 나이 차이가 별로 나지 않아 보였어요.

"뭐야? 의사는 안 오는 거냐? 너 같은 수습생이 내 아내의 병을 고칠 수 있을 리가 없잖아!"

젊은이를 보자마자 아버지가 호통을 쳤어요.

"잠깐만요, 아버지. 제가 와 달라고 한 거예요. 돈은 제가 낼게요."

베토벤이 주뼛거리며 아버지를 막아섰어요.

"요한 씨, 의사 선생님이 병원에 안 계셔서 수습생인 제가 대신 왔습니다. 부디 제가 부인을 진찰할 수 있게 해 주세요."

젊은이는 침착하게 말한 뒤, 어머니가 누워 있는 침대로 다가가 조심스럽게 진찰했어요.

그러고는 진짜 의사처럼 상냥한 말투로 자신 있게 말했지요.

"부인은 폐병이지만 크게 걱정하지 않으셔도 됩니다. 열이 내려가도록 머리를 차갑게 식혀 주세요. 가끔 수분도 보충해 주어야 합니다. 이 약을 드시면 돼요. 그럼 저는 내일 또 오겠습니다."

그렇게 말하고 돌아가려던 젊은이에게 베토벤이 소리쳤어요.

"감사합니다, 선생님!"

젊은이는 뒤돌아보더니 두세 발짝 되돌아와 베토벤의 손을 꽉 잡았어요.

"루트비히라고 했던가? 너하고는 친구가 될 수 있을 것 같아. 내 이름은 베겔러야."

베토벤과 평생의 친구가 된 베겔러의 첫 만남이었어요.

# 3 첫사랑

어머니의 몸 상태가 좋아지고 얼마 지나지 않았을 때였어요.

어느 날, 베겔러가 베토벤을 찾아왔어요.

"아버님은 또 카드놀이를 하러 나가셨다고? 네가 가족들의 생활비를 벌고 있구나. 대단하네."

"별거 아니야. 네페 선생님 대신 궁정에서 오르간을 연주할 때마다 돈도 벌고 경험도 쌓을 수 있어서 좋은걸."

베토벤이 밝은 표정으로 대답하자, 베겔러는 아주 기뻐하며 말했어요.

"그래? 그럼 내가 아는 가족들의 피아노 개인 교습을 맡아 줄 수 있을까? 브로이닝 가문인데, 아주 멋진 가족이야. 브로이닝 부인은 참 다정하시고 음악을 매우 좋아하셔. 네 명의 자녀를 두고 계시지. 너 궁정에 큰불이 났었던 거 기억해? 브로이닝 부인의 남편분은 그 당시 궁정에서 일하셨어. 그런데 불이 났던 그날, 궁정을 지키려고 하시다가 안타깝게도 돌아가시고 말았어."

베겔러의 이야기를 듣던 베토벤의 머릿속에 그날 궁정이 불타오르던 모습이 선명하게 떠올랐어요.

그 당시 베토벤은 할아버지와의 추억이 담긴 성이 불길에 휩싸이는 모습을 바라보며 넋을 잃고 그저 울기만 했지요.

하지만 만약 그때 베토벤이 어른이었다면 궁정을 지키려고 뛰어갔을지도 몰라요.
"당연히 맡아 줄 수 있지."
베토벤은 곧바로 답했어요.
'아직 열네 살밖에 안 된 내가 과연 피아노를 잘 가르칠 수 있을까……'

조금 걱정이 되었지만, 그 성을 지키려 했던 사람의 가족인 만큼 베토벤은 그들이 무척 가깝게 느껴졌어요.

브로이닝가는 본의 명문 귀족으로, 궁정처럼 아름답고 아늑한 저택에서 살았어요.

브로이닝 부인은 베토벤이 오기 전, 아이들에게 미리 단단히 일러두었어요.

"베토벤 선생님은 나이는 많지 않지만 실력이 아주 뛰어난 분이야. 그러니 선생님께 예의 바르게 굴어야 한단다."

브로이닝 부인과 네 명의 아이들은 베토벤을 반갑게 맞아 주었어요.

베토벤은 그중 첫째 딸인 엘레오노레와 막내인 로렌츠에게 피아노를 가르치게 되었어요.

"선생님, 잘 부탁해요."

베토벤보다 두 살 아래인 엘레오노레가 공주님처럼 예쁘게 방긋 웃어 주었어요. 남자 형제들도 베토벤을 존경스러운 눈빛으로 바라보았지요.

개인 교습을 마치자, 브로이닝 부인은 식사를 준비해 주었어요.

생선과 고기로 만든 화려한 요리와 온갖 종류의 채소에 달콤한 디저트까지, 새하얀 식탁보 위에 먹음직스러운 음식이 가득했어요.

마치 그림처럼 아름답고 맛있어 보이는 음식을 보자, 때마침 배가 고팠던 베토벤은 어찔어찔 현기증이 났어요.

"선생님, 배고프시죠? 마음껏 드세요."

엘레오노레가 상냥하게 음식을 권했어요.

그날 이후 베토벤은 브로이닝가에 드나들며 꿈같은 나날을 보냈어요.

　베토벤은 처음에는 모든 게 낯설어 어리둥절했지만 점차 브로이닝가의 분위기에 익숙해졌어요.

　어머니처럼 따뜻하게 대해 주는 브로이닝 부인, 친절하고 밝은 성격의 자녀들과 함께 지내다 보니 마치 또 다른 가족이 생긴 것만 같았지요.

　그동안 베토벤은 같은 또래의 친구와 어울려 놀아 본 경험이 거의 없었어요.

　그런 만큼 브로이닝가의 아이들과 어울려 웃고 즐기는 시간은 베토벤에게 행복 그 자체였어요.
　브로이닝가의 아이들은 피아노를 배울 때면 베토벤을 깍듯이 선생님으로 대했지만, 수업이 끝나면 오빠나 형처럼 잘 따랐어요. 특히 엘레오노레는 베토벤을 존경했고, 베토벤도 엘레오노레를 정중하게 숙녀로 대했어요.

브로이닝 부인은 베토벤을 친자식처럼 보살펴 주었어요. 그뿐만 아니라 식사 예절이나 단정한 몸가짐도 상냥하게 가르쳐 주었지요.

베토벤은 그렇게 브로이닝가에서 귀족 세계와 사교계\*의 예의 등을 차근차근 배워 갔어요.

1787년, 어느덧 베토벤은 열여섯 살이 되었어요.

"루트비히, 나는 이제 더 이상 너에게 가르쳐 줄 것이 없다. 지금이야말로 빈으로 가서 모차르트를 만날 때인 것 같구나."

네페 선생님이 베토벤에게 말했어요.

베토벤은 당시 본의 궁정 악단에서 장래가 기대되는 젊은이로 평가받고 있었어요. 그래서 네페 선생님이 베토벤을 모차르트에게 소개해 준 것이었지요.

'훌륭한 음악가들이 많이 모여 있는 빈에 가서 모차르트 선생님을 만날 수 있다니!'

\*사교계: 귀족들이나 부자들이 모여서 서로 사귀며 소식을 주고받는 곳.

동경하는 모차르트를 만날 생각에 베토벤은 무척 들떴어요. 하지만 안타깝게도 빈으로 갈 만큼 충분한 돈이 없었지요.

그런데 이런 사정을 들은 본의 왕이 베토벤이 빈까지 갈 수 있도록 필요한 돈을 흔쾌히 내주었어요.

"드디어 빈으로 갈 수 있게 됐어! 게다가 왕께서는 내가 빈에 가 있는 동안에도 오르간 연주자로 일하는 것과 같은 급료를 주겠다고 약속하셨어."

베토벤은 어머니와 아버지는 물론, 친구인 베겔러에게도 이 소식을 알렸어요.

"그것참 잘됐군!"

베겔러도 함께 기뻐해 주었어요.

"그래서 말인데 베겔러, 브로이닝 가족들이 나에게 잘 대해 주신 것에 대한 감사의 뜻으로 엘레오노레에게 곡을 하나 만들어 선물하면 어떨까?"

베토벤은 베겔러에게 넌지시 이야기를 꺼냈어요.

"좋은 생각이야! 네가 만든 곡이라면 분명 기뻐할 거야. 꼭 선물해."

베토벤은 엘레오노레에게 아름다운 곡*을 선물하기로 마음먹었어요. 베겔러에게 솔직히 털어놓지는 못했지만, 사실 베토벤은 엘레오노레에게 마음을 빼앗긴 뒤였지요. 엘레오노레를 향한 베토벤의 설레는 마음은 첫사랑의 감정이었어요.

이윽고 빈으로 출발하는 날이 다가왔어요.

"어머니, 빈에 가서 모차르트 선생님을 만나 뵙고 올게요."

베토벤은 어머니에게 이렇게 말했어요. 그러면서도 한동안 집을 비워야 하는 게 마음에 걸렸어요. 이 무렵 다시 건강이 나빠진 어머니를 두고 가야 하는 것이 무엇보다 걱정되었지요.

---

*베토벤은 그 후 엘레오노레에게 『모차르트의 「피가로의 결혼」 주제에 의한 바이올린과 피아노 12 변주곡』과 『피아노 소나타 WoO 51』 등을 작곡해 보내 주었어요.

하지만 어머니는 눈을 반짝이며 베토벤을 꼭 껴안아 주었어요.

"내 아들, 대견하구나. 조심해서 다녀오렴."

어머니의 미소에 힘을 낸 베토벤은 드디어 음악의 도시 빈으로 떠났어요.

# 4 동경하는 모차르트

베토벤은 마차를 타고 며칠에 걸쳐 본에서 빈으로 향했어요.
"자, 빈에 도착했습니다."
마부가 말했어요. 흔들리는 마차를 오랜 시간 타느라 지쳐 버린 베토벤은 문득 고개를 들어 주위를 둘러보았어요.
빈은 베토벤이 태어나고 자란 본보다 몇 배나 더 큰 대도시였어요.

아름다운 건물들이 줄지어 늘어서 있었고, 큰 성당과 우뚝 솟은 높은 탑은 햇빛을 받아 반짝였어요. 건너편에는 호화로운 궁정도 보였지요.

베토벤은 귀족이 써 준 소개장을 들고 모차르트가 사는 저택을 방문했어요.

'드디어 모차르트 선생님을 만날 수 있어!'

베토벤은 가슴이 두근두근 뛰었어요.

당시 모차르트는 서른한 살이라는 젊은 나이에 천재 음악가로 이름을 날리고 있었어요. 베토벤은 그런 모차르트를 매우 동경했어요.

어린 시절 처음으로 피아노를 연주한 뒤로부터 몇천 번, 아니 몇만 번이나 모차르트의 곡을 연습했는지 몰라요.

그토록 우러르던 모차르트를 드디어 만난 베토벤은 막상 모차르트의 얼굴을 보자 긴장한 나머지, 몸이 딱딱하게 굳어 버려 어색하게 인사를 했어요.

"모차르트 선생님, 저는 루트비히 판 베토벤입니다. 본에서 왔습니다."

처음 만난 모차르트는 온화하고 품위 있는 사람이었어요.

"자네가 베토벤이로군. 자네의 연주를 들려줄 수 있겠나?"

때마침 피아노가 앞에 놓여 있었어요. 베토벤은 그동안 수없이 연습해 왔던 모차르트의 곡을 온 힘을 다해 연주했어요.

이윽고 연주를 마친 베토벤이 모차르트를 바라보았어요. 그러나 모차르트는 베토벤의 연주가 그다지 감탄스럽지 않았는지, 아무 말도 없이 고개를 쏙 돌려 버렸어요.

'그렇다면 이 자리에서 바로 생각해 낸 곡을 연주해 보자.'

비록 아버지에게는 늘 혼나곤 했지만, 베토벤은 어릴 때부터 즉흥적으로 곡을 만들어 연주하는 것을 좋아했어요.

"모차르트 선생님, 제게 짤막한 멜로디를 하나 줘 보시겠어요? 그 뒤부터는 제가 즉흥적으로 곡을 만들어 연주해 보겠습니다."

베토벤이 부탁하자, 모차르트는 망설임 없이 오선지*에 멜로디를 쓱쓱 그려 넣었어요.

모차르트가 그린 멜로디를 보고 베토벤은 가슴이 벅차올랐어요. 건반을 누르는 베토벤의 손가락 끝에는 그의 마음이 깃들었지요.

희고 검은 건반에서 만들어지는 음색은 마치 베토벤의 마음 깊숙한 곳에서부터 흘러넘치는 빛과 바람, 시냇물 소리 같았어요.

멜로디를 듣던 모차르트가 조용히 눈을 감았어요. 감은 그의 눈꺼풀 위로 부드러운 봄볕이 내리쬐고 바람이 스치는 풍경이 떠오르는 듯했지요. 그런가 하면, 어느새 경치가 바뀌어 멀리서 번개가 번쩍이더니 천둥 치는 소리가 울려 퍼졌어요.

베토벤의 즉흥 연주를 감상하던 모차르트는 퍼뜩 눈을 떴어요.

---

*오선지: 서양 음악에서 악보를 그릴 때 사용하는 것으로, 다섯 줄의 선이 한 묶음으로 그려진 종이. 이 선 위에 음표, 멜로디, 리듬 등의 기호를 그려 넣어 악보를 만들어요.

베토벤은 마음속에 떠오르는 멜로디로 이 세상의 대자연을 표현했던 거예요.

'정말 대단해! 이것이야말로 진정한 베토벤의 연주로군!'

모차르트의 눈이 반짝였어요.

그러나 모차르트는 자신이 느낀 감동을 베토벤에게 알리지 않았어요. 당시 유난히 바빴던 데다, 이 놀라운 소년을 어떻게 지도해야 할지 그 즉시 결정할 수 없었기 때문이에요.

베토벤이 빈으로 온 지 2주 정도 지나고, 마을의 나무가 초록빛으로 우거지던 무렵이었어요.

어느 날, 본에서 갑자기 급한 소식이 날아왔어요.

"어머니의 몸 상태가 좋지 않으니 지금 당장 돌아오너라."

아버지로부터 온 편지에는 이렇게 쓰여 있었어요. 깜짝 놀란 베토벤은 황급히 마차를 타고 본으로 향했지요.

도중에 마차를 여러 번 갈아타야 했고, 계속 내린 비로 인해 길이 물에 잠기는 바람에 집으로 돌아가는 길은 멀고도 험했어요.

"어머니!"

지칠 대로 지쳐 겨우 본에 도착한 베토벤은 곧장 어머니가 있는 방으로 뛰어 들어갔어요.

아버지와 남동생들이 어두운 표정으로 어머니의 침대 곁에 모여 있었어요.

"어머니, 괜찮아요?"

베토벤은 어머니가 누운 침대로 달려갔어요.

"아아, 루트비히, 돌아왔구나……. 나 때문에, 정말 미안해."

비쩍 마른 어머니가 겨우 눈을 뜨더니 눈물을 글썽이며 베토벤에게 사과했어요. 어머니의 숨은 금방이라도 끊어질 것 같았어요.

"괜찮아요, 어머니. 나한테 가장 소중한 건 어머니니까요."

베토벤이 고개를 저으며 말했어요.

어머니는 떨리는 손으로 베토벤의 머리를 쓰다듬으며 눈물을 뚝뚝 흘렸어요.

어머니의 손을 꽉 움켜쥐자, 열이 나서인지 땀으로 흠뻑 젖어 있었어요.

베토벤은 온 정성을 다해 어머니를 간호했어요. 하지만 열은 좀처럼 내려가지 않았고, 어머니는 기침을 하며 몇 번이나 피를 토했어요.

어머니의 폐병은 베토벤이 못 본 사이에 매우 심각해져 있었지요. 치료하러 온 의사는 더 이상 할 수 있는 일이 없다고 말할 뿐이었어요.

베토벤이 빈에서 돌아온 지 2개월이 지난 어느 날이었어요. 어머니의 숨소리가 전보다 눈에 띄게 약해졌어요.

"어머니, 죽으면 안 돼요! 제가 열심히 일해서 어머니가 고생 안 하고 행복하게 살도록 해 드릴게요.

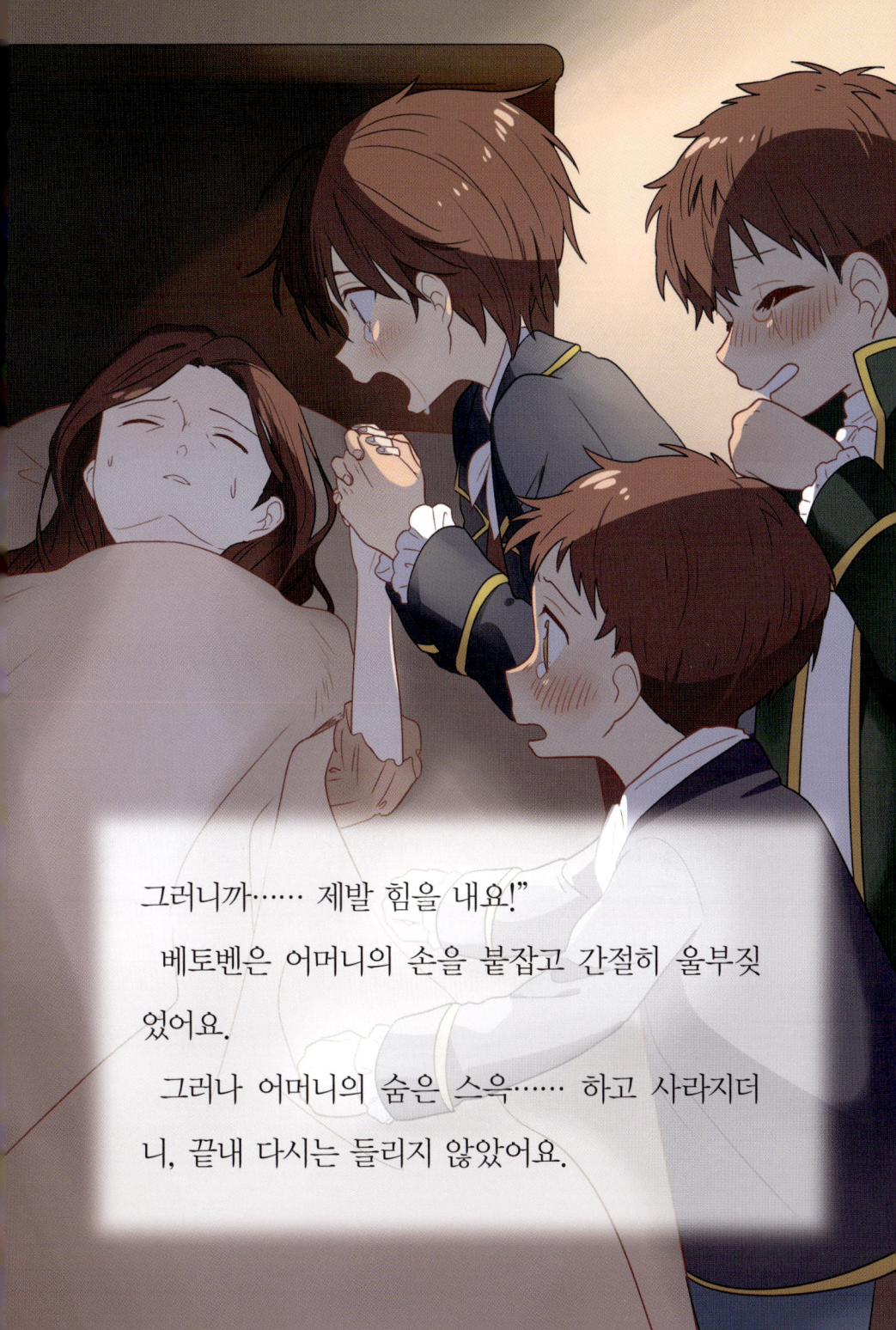

그러니까…… 제발 힘을 내요!"
 베토벤은 어머니의 손을 붙잡고 간절히 울부짖었어요.
 그러나 어머니의 숨은 스윽…… 하고 사라지더니, 끝내 다시는 들리지 않았어요.

"어, 어머니!"

"엄마!"

베토벤과 남동생들이 울부짖는 소리에 옆에서 꾸벅꾸벅 졸던 아버지도 눈을 떴어요.

"마…… 마리아."

아버지는 어머니의 이름을 부르며 그저 멍하니 서 있을 뿐이었어요.

지금까지 약한 몸으로도 온 힘과 정성을 다해 가족을 돌보려고 애쓰던 어머니는 힘이 다한 듯 조용히 숨을 거두었어요.

어머니의 장례식을 치른 다음 날 저녁부터 아버지는 또다시 집에 들어오지 않았어요.

아버지는 어머니가 세상을 떠난 후 쓸쓸한 마음을 달래려는 듯 하루가 멀다 하고 집을 비웠어요. 그러다 보니 베토벤의 집안 형편은 점점 더 나빠졌어요.

'이럴 때일수록 내가 더 열심히 일해야 해.'

베토벤은 굳게 결심하고, 두 주먹을 힘껏 움켜쥐었어요.

어머니의 죽음을 슬퍼할 겨를도 없이 베토벤은 궁정이나 교회에서 오르간 연주자로 일하고, 시간이 나면 피아노를 가르치러 가기도 했어요. 그렇게 바쁘게 지내다 보니 하루하루가 눈 깜빡할 사이에 지나갔지요.

가장 친한 친구 베겔러는 바쁘게 일하는 베토벤을 언제나 격려해 주었어요.

어느 날, 베겔러가 베토벤에게 말했어요.

"루트비히, 나는 앞으로 2년 정도 빈에서 의학을 공부하게 됐어. 내가 빈에 있는 동안 너도 음악을 공부하러 빈으로 올 수 있으면 좋겠다."

"잘됐다. 베겔러, 축하해!"

베토벤은 친한 친구의 새로운 출발을 진심으로 축하해 주었어요. 그리고 자기도 음악을 더 잘하기 위해 열심히 노력하겠다고 다짐했어요.

이후, 베토벤은 브로이닝가에서 다시 피아노를 가르치게 되었어요. 그때부터 브로이닝가의 둘째 아들인 슈테판과도 친해졌지요.

베토벤보다 네 살 어린 슈테판은 바이올린에 재능이 있었어요. 베토벤과 엘레오노레가 피아노를 치면 슈테판이 여기에 맞춰 바이올린을 연주하곤 했지요. 이럴 때면 마치 브로이닝가에서 음악회라도 열린 듯 모두가 행복하게 음악을 즐겼어요.

브로이닝가는 어느덧 예술을 사랑하는 젊은 귀족들이 자주 모여 교류하는 장소가 되었어요.

브로이닝 부인은 자신의 집에서 파티를 열 때면 베토벤을 초대해 사람들에게 소개하곤 했어요.

"여러분, 루트비히 판 베토벤 씨예요. 아주 훌륭한 피아니스트랍니다. 제 아이들의 피아노 선생님이기도 하지요. 베토벤 선생님에게 배운 뒤로 아이들은 음악을 진심으로 사랑하게 되었답니다."

베토벤은 브로이닝 부인의 배려로 많은 귀족들과 교류할 수 있었어요. 그리고 그곳에서 앞으로 둘도 없는 친한 친구가 될 사람과 자신을 지지해 줄 사람들을 만나게 되었어요.

'베겔러는 잘 지내고 있을까? 나도 언젠가는 꼭 빈으로 돌아갈 거야. 그곳에 가서 다시 한번 모차르트 선생님을 만나고 싶어!'

그러던 어느 날이었어요.

어머니가 돌아가신 뒤 쓸쓸해진 베토벤의 집에 새 피아노가 배달되었어요. 뛰어난 피아노 제작자가 만들어 매우 비싸고 귀한 피아노였지요.

"아니, 이게 어떻게 된 일이죠?"

깜짝 놀란 베토벤이 아버지에게 물었어요.

"오래된 피아노는 천재 음악가인 너에게 어울리지 않는다며 발트슈타인 백작님이 보내 주신 거란다. 이 피아노로 멋진 연주를 하라고 하시더구나."

아버지가 기뻐하며 말했어요.

"발트슈타인 백작님이……. 내가 브로이닝가에서 피아노를 연주했을 때 크게 칭찬해 주셨는데."

베토벤이 눈을 반짝이며 말했어요.

발트슈타인 백작은 음악을 몹시 사랑하는 사람이었어요. 브로이닝가에서 베토벤의 연주를 듣고는 그의 엄청난 재능에 감동해 피아노를 선물로 보낸 것이었어요.

베토벤의 마음 속에는 자신을 믿어주고 후원해 주었던 사람들에 대한 고마움이 자리잡게 되었어요.

'내 주변에는 나를 지지하고 응원해 주는 사람들이 많아. 그러니까 더 열심히 연습해서 반드시 훌륭한 음악가가 되겠어!'

베토벤은 마음속으로 굳게 다짐했어요.

# 5 또다시 빈으로

계절이 바뀌어, 베토벤이 이제 곧 스물한 살이 될 무렵의 어느 날이었어요.

베토벤이 네페 선생님 댁을 방문했더니 그곳에 뜻밖의 편지가 와 있었어요.

"이럴 수가, 모차르트 쪽에서 온 편지야!"

기대에 차서 눈을 반짝이던 네페 선생님은 편지를 읽자마자 눈에 띄게 표정이 어두워졌어요.

"모, 모차르트가…… 모차르트가 죽었다니! 아직

겨우 서른다섯 살인데……."

"모차르트 선생님이 돌아가셨다고요?"

깜짝 놀란 베토벤은 빈에서 만났던 모차르트의 얼굴을 떠올렸어요.

'그때 내가 한 연주를 어떻게 생각하셨는지 묻고 싶었는데. 배우고 싶은 것도 잔뜩 있었는데……. 모차르트 선생님을 더는 만날 수 없다니.'

네페 선생님 댁에서 돌아오는 길에 베토벤은 슬픔을 억누르며 이를 악물고 뛰었어요.

눈 섞인 차가운 바람이 베토벤의 얼굴을 세차게 때렸어요.

"아, 도대체 왜! 선생님도 하시고 싶은 일들이 더 많았을 텐데……."

뺨에 내려앉은 눈을 녹이듯 뜨거운 눈물이 멈추지 않았어요. 베토벤은 집까지 계속 울면서 달려갔어요.

1792년 7월, 본의 궁정에서 하이든이 작곡한 곡을 연주하는 음악회가 크게 열렸어요.

  베토벤은 발트슈타인 백작의 소개로 하이든과 만날 수 있었어요. '교향곡의 아버지'로 불리는 하이든은 유명한 작곡가로, 최근 1년 반 정도 머물렀던 영국 런던에서 오스트리아 빈으로 돌아가던 길에 본에 들른 차였어요.

  예순 살을 바라보는 하이든과 처음 만났을 때 베토벤의 나이는 스물한 살이었어요. 하지만 그때 베토벤은 이미 본을 대표하는 젊은 음악가로 평가받고 있었지요.

  "자네가 베토벤인가! 정말이지 꼭 만나고 싶었다네. 무엇보다도 모차르트가 자네를 몹시 칭찬하더군. 만약 자기의 뒤를 잇는 음악가가 나온다면 그건 바로 베토벤이라면서 말이지."

하이든이 베토벤에게 미소 지으며 말했어요.

"네? 정말이요?"

베토벤은 깜짝 놀랐어요.

'모차르트 선생님이 나를 그렇게 생각하고 계셨구나.'

자신의 연주에 대한 모차르트의 감상을 처음으로 전해 들은 베토벤은 눈물이 나올 것 같았어요.

베토벤은 자신이 작곡한 곡의 악보를 하이든에게 보여 주었어요. 악보를 본 하이든이 감탄했어요.

"정말 대단한 곡이야! 자네의 재능은 내 예상을 훨씬 뛰어넘는군."

하이든의 칭찬은 베토벤에게 큰 힘이 되었어요.

"난 지금까지 자네처럼 재능 있는 제자를 찾고 있었다네."

"감사합니다, 선생님."

"아쉽지만 자네도 알다시피 나는 지금 런던으로

떠나야 해. 자네에게는 지금이 가장 중요한 시기야. 그러니 다시 빈으로 오게! 또 만나세."

 하이든은 이 말을 남기고 본을 떠났어요.

 '빈으로 가는 그날까지 음악에 더욱 집중해서 앞으로 나아가야지.'

 베토벤은 그 이후로 음악 공부와 작곡은 물론 피아노 연주도 더욱 열심히 했어요.

 그 당시 베토벤은 혼자서 가족 네 명의 생활비를 벌고 있었어요. 어머니가 세상을 뜬 후, 궁정 가수를 그만둔 아버지와 각각 열여덟, 열다섯 살이 된 남동생들의 생활비를 혼자 감당했던 거예요.

 그해 늦가을, 베토벤은 다시 빈으로 떠나게 되었어요. 하이든이 제자로 삼아 준 덕분이었지요. 그뿐 아니라 하이든은 베토벤이 빈에 가 있는 동안에도 급료를 받을 수 있도록 본의 왕에게 부탁해 주었어요.

베토벤은 본을 떠나기 전, 라인강 주변을 산책했어요. 강변에 늘어선 건물들은 은은한 붉은 석양빛으로 반짝였고, 눈부신 라인강은 곡선을 그리며 잔잔히 흘러갔어요.

선명한 가을 색으로 물든 본의 산과 마을의 경치는 베토벤의 눈에 그 무엇보다도 아름답게 비쳤어요.

'할아버지, 어머니, 저 다녀올게요. 이곳을 떠나 빈에서 반드시 훌륭한 음악가가 될 수 있도록 노력할 거예요.'

베토벤은 본의 경치를 바라보며 마음속으로 맹세했어요.

얼마 후, 빈에 도착한 베토벤을 하이든이 반갑게 맞아 주었어요.

"잘 왔네. 기다리고 있었어. 자네가 다시 빈으로 온 것을 보고 모차르트도 분명 하늘에서 기뻐할 거야."

하이든은 곧바로 작곡의 기본을 가르치기 시작했어요.

'나는 아직 멀었어. 처음부터 다시 공부하지 않으면 안 돼!'

베토벤은 새로운 마음가짐으로 더욱 열심히 노력했어요.

그로부터 한 달 정도 지나 크리스마스가 가까워질 무렵, 본에서 편지가 왔어요.

아버지 요한이 세상을 떠났다는 내용이었어요.

편지를 읽은 베토벤은 큰 충격을 받았어요.

'아버지가 돌아가시다니! 피아노를 가르치실 땐 무섭기도 했지만, 내가 유명한 음악가가 되기를 그렇게도 바라고 기대하시던 아버지가……'

슬픈 소식이었지만 베토벤은 지그시 입술을 깨물고 결심을 굳혔어요.

'그래, 아버지를 위해서라도 더 열심히 노력해야 해……'

베토벤은 이후로도 하이든에게 성실히 가르침을 받았어요. 처음부터 하나씩 다시 배우면서 베토벤의 작곡 실력은 나날이 늘어 갔고, 일 년이 지났을 무렵에는 다양한 곡을 작곡할 수 있었어요.

"더 잘하고 싶어! 그리고 더 멋지고 훌륭한 곡을 만들고 싶어!"

베토벤은 하이든이 일이 생겨 멀리 떠나 있을 때면, 다른 유명한 선생님에게 연주와 작곡을 배우기도 했어요.

이 무렵 빈에서는 귀족들의 저택이나 극장에서 때때로 음악회가 열렸어요.

"자네가 하이든의 제자인 베토벤인가? 내 살롱*에서는 매주 음악회가 열린다네. 자네도 와서 연주해 주지 않겠나?"

어느 날, 한 귀족이 베토벤을 초대했어요.

"네, 저라도 괜찮으시다면 열심히 하겠습니다!"

베토벤은 자신을 응원해 주는 귀족의 저택에 머물면서 즉흥적으로 곡을 만들어 연주하기도 하고, 악곡을 보내 주기도 했어요.

*살롱: 여기서는 상류층 사람들의 가정에서 열리는 사교적인 모임.

얼마 지나지 않아 베토벤의 연주를 기대하며 찾아오는 귀족들이 점점 늘어났어요.

귀족들에게 초대받아 여러 번 연주하는 동안 베토벤의 인기는 날이 갈수록 높아졌고, 음악가로서도 더욱 널리 알려졌어요.

1795년, 친분이 생긴 어느 귀족의 후원을 받아 베토벤은 드디어 대형 극장에서 연주할 기회를 잡았어요. 오페라 공연의 막이 바뀌는 사이에 하는 연주였지요.

그날 극장은 베토벤의 연주를 듣기 위해 모여든 사람들로 넘쳐났어요. 베토벤이 피아노 앞에 서자 우레와 같은 박수가 터져 나왔어요. 그가 연주하는 명쾌한 피아노 음색이 극장 안에 울려 퍼졌어요. 그 멜로디는 극장을 가득 메운 사람들의 주변을 감싸고 마음을 녹이는 듯했어요.

베토벤이 연주를 마치자마자 객석에 있던 관객들은 환호했어요.

"정말 훌륭해!"

관객들은 자리에서 일어나 박수를 보냈어요. 감동한 관객들이 연달아 찬사를 보내자, 베토벤의 가슴은 벅차올랐어요.

'모차르트 선생님, 하이든 선생님, 제가 드디어 이곳 빈에서 음악가로서 첫발을 내디뎠습니다……!'

연주회가 성공한 이후 베토벤은 이전보다 편하게 음악 활동을 할 수 있었어요.

당시 빈의 귀족들은 음악을 무척 사랑했어요. 대부분 직접 악기를 연주할 수 있었고, 그중에는 전문가와 비슷한 실력을 지닌 사람도 있었어요.

그런 귀족들에게 뛰어난 실력을 지닌 베토벤의 연주는 커다란 기쁨이었어요.

베토벤의 연주를 들은 사람들은 감탄하며 입을 모아 말했어요.

"모차르트의 뒤를 잇는 뛰어난 음악가가 마침내 나타났군!"

베토벤이 빈에 온 지도 어느덧 2년이 지나갈 무렵의 일이었어요.

# 6 악마의 신음 소리

음악가로서 본격적으로 활동을 시작한 베토벤은 본에 있던 두 남동생을 빈으로 불러들였어요. 그제야 비로소 삼 형제가 함께 살게 된 것이었어요.

첫째 남동생 카를은 스물한 살, 둘째 남동생 요한은 열여덟 살일 때였어요.

이듬해 베토벤은 자신을 후원해 주는 귀족과 어울려 프라하, 베를린 등의 도시로 연주 여행을 떠났어요.

"대단하군! 정말 아름다운 마을이야!"

본 그리고 빈과는 또 다른, 멀리 떨어진 도시의 경치와 새로운 사람들과의 만남은 베토벤의 마음을 설레게 했어요.

가는 도시마다 유명한 음악가들과 음악을 좋아하는 귀족들을 만날 수 있었어요. 또, 연주회에 초대받거나 서로 곡을 주고받는 사이에 많은 친구도 사귈 수 있었지요.

베를린에서는 왕이 여는 음악회에도 여러 번 초대받아 연주를 하기도 했어요.

'많은 사람들이 내 곡을 듣고 박수를 쳐 주다니. 정말 행복해.'

베토벤은 여행하는 동안 떠오른 수많은 작곡 아이디어를 노트에 적어 놓았어요.

거의 반년에 걸친 여행에서 돌아온 뒤, 그는 작곡 아이디어들을 작품으로 만들어 차례차례 발표하기 시작했지요.

이 무렵부터 작곡가로서 베토벤의 이름은 하이든과 더불어 다른 나라에까지 더욱 널리 알려졌어요.

"모차르트도 하늘에서 분명히 기뻐할 거야. 자네는 정말로 훌륭하게 성장했어."

하이든이 베토벤을 칭찬했어요.

"감사합니다, 선생님!"

베토벤은 하이든뿐 아니라, 지금은 세상을 떠난 모차르트에게도 감사한 마음이 들었어요.

그러던 어느 날, 본에 있는 발트슈타인 백작으로부터 편지가 왔어요.

"베토벤, 우리는 모두 잘 지내고 있네. 사실은 엘레오노레와 베겔러가 약혼했다네. 잘 어울리는 한 쌍인 만큼 두 사람 모두 행복해졌으면 좋겠군."

'뭐? 엘레오노레가 약혼을?'

그 소식을 들은 베토벤은 놀랐지만, 첫사랑이었던 엘레오노레의 다정한 얼굴을 떠올리며 진심으로 기도했어요.

'나의 소중한 친구인 베겔러와 엘레오노레가 부디 행복하길 바랍니다.'

베토벤은 언제부터인가 이런 생각을 하게 되었어요.

'나는 음악으로 모두를 행복하게 해 주고 싶어. 비록 가진 건 없지만, 누군가가 힘들어한다면 나의 음악으로 도움을 줄 수 있을 거야. 이 얼마나 멋진 일

인지! 그러니 더 새롭고 더 멋진 곡을 많이 만들자.'

　음악을 향한 베토벤의 열정은 샘물이 솟아나듯 멈추지 않았어요.

　시간이 흘러 베토벤은 스물일곱 살이 되었어요. 바야흐로 음악가로서 눈부신 활약을 펼치는 나날이 이어졌지요.

　그러던 어느 날, 문득 귀 안쪽에서 무언가 낮게 신음하는 듯한 소리가 들려왔어요.

　'이 소리는…… 뭘까?'

　바람이 '휘이잉' 하고 부는 것 같은 그 소리는 다음 날도, 그다음 날도 계속 들려왔어요.

　'뭔가 이상해!'

　베토벤은 그 즉시 병원으로 갔지만, 의사도 확실한 이유를 알지 못했어요.

　'왼쪽 귀가 점점 안 들려. 게다가 오른쪽 귀에서도

그 소리가 들리기 시작했어.'

머릿속까지 울려 퍼지는 그 소리가 베토벤에게는 마치 악마의 신음 소리처럼 들렸어요.

'이대로 피아노 소리도 못 듣게 되면 어떻게 하지? 그럼 음악가로서의 인생을 포기해야 하는 걸까……'

베토벤은 불안해서 견딜 수 없었어요.

'아, 신이시여! 저는 이제 안 되는 겁니까?'

베토벤은 누군가가 자신의 귓병에 대해 알아차릴까 두려워, 사람들이 모이는 곳을 점점 멀리하게 되었어요.

귀가 안 들리는 음악가가 만든 음악이라며 사람들이 인정해 주지 않으면 어쩌나 하는 베토벤의 불안감은 커져만 갔어요. 또 경쟁 상대들이 무슨 말로 공격해 올지도 알 수 없었지요.

"형, 괜찮아?"

얼굴빛이 좋지 않은 베토벤을 보고 남동생들이 걱정했어요. 하지만 베토벤은 남동생들한테도 귓병에 대해 말하지 않았어요.

'지고 싶지 않아. 내 마음에는 여전히 음악이 넘쳐 나고 있어! 남동생들을 위해서라도 절대로 병 따위에 질 수 없어.'

귀가 점점 들리지 않아 두렵고 괴로운 상황에서도 베토벤은 굳게 믿었어요.

'나는 절대 음악을 포기하지 않을 거야! 어쩌면 귓병이 나을지도 몰라……'

베토벤은 희망의 끈을 놓지 않으려고 애썼어요.

한쪽 귀에서 고름이 나오기 시작하자, 베토벤은 변두리에 있는 허름한 병원을 찾아갔어요. 큰 병원에 갔다가 혹시 아는 사람이라도 만날까 봐 걱정했기 때문이에요.

베토벤의 귀를 진찰한 의사가 심각하게 물었어요.

"혹시 열이 많이 나는 병을 앓은 적이 있습니까?"

"네, 4년 전에요. 그건 왜 물으시죠?"

베토벤이 대답했어요. 의사가 짧게 한숨을 쉬더니 말했어요.

"당신의 귀는 치료하기 힘듭니다. 최악의 경우에는 귀가 완전히 안 들리게 될 수도 있어요."

"뭐라고요? 말도 안 됩니다. 귀가 안 들리게 된다니. 이럴 수가……."

베토벤은 깊이 절망했어요.

누구에게도 말할 수 없는 괴로움을 안고, 베토벤은 작곡에 열중했어요. 곡을 만드는 동안만큼은 병에 대한 괴로움도 잊을 수 있었기 때문이에요.

그리고 얼마 후, 베토벤은 드디어 처음으로 교향곡을 완성했어요.

1800년 4월, 베토벤은 자신이 완성한 교향곡을 발표하기 위해 빈의 어느 멋진 극장에서 대규모 음악회를 열었어요.

    베토벤은 많은 사람들이 즐길 수 있도록 먼저 모차르트와 하이든의 곡을 연주한 다음, 마지막에는 자신이 직접 오케스트라를 지휘하며 교향곡 1번을 연주했어요.

    베토벤은 음 하나하나를 소중히 다루며 지휘에 몰두했어요.

    연주회는 큰 성공을 거두었어요.

    당시에는 교향곡을 작곡해야 제대로 된 정식 작곡가로서 인정받을 수 있었어요. 교향곡 1번을 발표한 베토벤은 비로소 모든 사람이 인정하는 진정한 작곡가가 되었지요. 그날 이후, 작곡 의뢰도 늘고 악보 출판도 계속 이어졌어요.

많은 귀족들이 자녀들의 개인 교습을 부탁했고, 재능 있는 젊은이가 제자로 들어왔어요.

당시 이미 천재 피아니스트로 불리며 훗날 유명한 음악가가 된 두 사람, 리스와 체르니가 베토벤의 제자가 된 것도 바로 이 시기였어요.

전 세계 사람들은 베토벤을 성공한 음악가이자 행복한 작곡가로 생각했을 거예요.

하지만 귀 안쪽 깊숙이 울리는 악마의 신음 소리는 사라지지 않았고, 베토벤을 끊임없이 괴롭혔어요.

# 7 남동생들에게 쓴 편지

 베토벤은 귓병에 관해 누구에게도 알리지 않았지만, 시간이 지날수록 더 이상 혼자 끙끙 앓고 있을 수만은 없다는 것을 깨달았어요.
 작곡가로서 명성을 쌓으면 쌓을수록, 누구에게도 털어놓을 수 없었던 귓병으로 인한 괴로움은 점점 더 커져만 갔어요.
 '누군가에게 도움을 구하고 싶다. 내 괴로움을 누군가가 알아줬으면 좋겠어…….'

궁지에 몰린 베토벤은 결국 본에 있는 베겔러에게 편지를 써서 자신의 귓병에 관해 털어놓았어요.

친한 친구이자 의사인 베겔러는 바로 답장을 보내왔어요. 편지에는 베토벤을 격려하는 말과 함께 몇 가지 도움이 되는 내용도 적혀 있었지요.

베토벤으로서는 이미 다 알고 있는 치료법이었지만, 자신을 걱정해서 바로 답장을 주는 친구가 있다는 것만으로도 큰 위안이 되었어요.

이듬해 봄, 베토벤은 아름다운 전원 풍경이 펼쳐져 있는 하일리겐슈타트로 갔어요.

"느긋하게 쉬세요."라고 의사와 베겔러가 권했기 때문이에요. 그곳은 빈에서 20킬로미터 정도 떨어진 한적한 곳이었어요.

'그래. 조금 쉬는 거야. 그러면 귀가 다시 들릴지도 몰라.'

베토벤은 풍요로운 자연 속에서 여유롭게 산책하며 하루하루를 보냈어요.

그러나 아무리 충분히 쉬어도 베토벤의 귓병은 나아질 기미가 보이지 않았어요.

'언젠간 좋아질지도 모른다고 생각했는데, 내 귓병은 좀처럼 낫질 않는구나……. 신이시여, 제게는 더 이상 기쁜 날은 오지 않는 겁니까?'

어느 날, 베토벤의 제자인 리스가 찾아와 함께 숲으로 산책을 나갔어요. 어디선가 양을 치는 목동의 피리 소리가 들려오자 리스가 물었어요.

"선생님, 목동의 피리 소리가 참 아름답지요?"

"무슨 소리 말인가?"

베토벤이 의아한 얼굴로 되물었어요. 리스는 당황해서 할 말을 찾지 못한 채 머뭇거렸어요. 그러고는 곧 빈으로 돌아갔어요.

 결국 베토벤은 남동생들에게 편지를 썼어요.
 절망의 구렁텅이에 빠져 쓴 편지였지만, 여러 번 고쳐 쓰는 과정에서 베토벤의 머릿속에는 수많은 사람들의 얼굴이 떠올랐어요.
 남동생들, 친구들, 신세를 진 사람들, 제자들 그리고 자신의 음악을 기대하며 기다려 주는 사람들까지…….

남동생들에게

  너희들은 나를 심술궂고, 고집 세고, 남과 어울리기 싫어하는 성격이라고 생각할지도 모르겠다. 하지만 그렇지 않아. 나는 어릴 때부터 남에게 다정하게 대하고, 훌륭한 일을 함으로써 많은 이들을 도와주고 싶다고 생각해 왔거든.

  최근 6년 동안 나는 귓병을 앓아 왔다. 아주 고통스러운 나날을 보내고 있어. 사람들과 친하게 지내는 걸 무척 좋아했지만, 귓병을 숨기기 위해 모두 멀리해야만 했지.

  음악가에게는 귀가 무엇보다 무척 중요한데, 귀로 듣는 능력을 잃는 바람에 모든 희망이 사라지고 말았다. 살아간다는 것은 정말 고통스러운 것이구나. 나를 지탱하는 것은 오직 음악뿐이야.

  나는 음악과 관련되어 내가 해야 한다고 믿는 일을 끝까지 해내고 싶어. 죽음이 언제 찾아오든 나는 용기 있게 맞을 거란다.

  너희들이 부디 행복하길 기도하마.

1802년 10월 6일, 루트비히 판 베토벤

"나는 아직 더 살아야 해. 내 음악을 더 들려주고 싶단 말이야!"

마음을 다잡고 정신을 가다듬은 베토벤은 결국 이 편지를 남동생들에게 보내지 않았어요.

베토벤은 빈에 있는 집으로 다시 돌아왔어요. 그는 자신이 귓병을 앓고 있다는 사실을 더 이상 숨기지 않았어요.

사람들을 피하지 않고, 예전에 그랬던 것처럼 살짝 강해 보이면서도 부드러운 마음을 지닌 베토벤으로 되돌아온 거예요.

'내게 음악이 있는 한 나 자신의 힘을 믿고 나아가자. 그래서 다음 세대로까지 이 음악을 이어 나가는 거야.'

베토벤은 제자와 학생들을 가르치는 개인 교습에도 한층 더 힘을 쏟았어요.

그 결과, 더욱더 많은 사람들이 높이 우러러보는 음악가가 되었어요.

그러던 어느 날, 얼마 전 빈에 새로 생긴 대형 극장의 관계자가 베토벤을 찾아왔어요.

"우리 극장에서 연주할 곡을 만들어 주셨으면 합니다."

베토벤은 깜짝 놀랐어요.

"혹시 저의 귓병에 관해 아십니까? 빈에는 다른 유명한 작곡가들도 있는데, 왜 저한테 부탁하시는 건가요?"

극장 관계자가 미소 지으며 말했어요.

"네, 귓병에 관해서는 알고 있습니다. 하지만 저희 극장에서는 인기는 물론이고 실력까지 모두 갖춘 작곡가만이 연주할 수 있습니다! 바로 베토벤 씨처럼 말이지요."

심지어 극장 관계자는 베토벤이 작곡 활동을 하는 동안 극장 2층을 무료로 내줄 테니 마음껏 사용하라고도 말했어요.

베토벤은 이 제안을 기꺼이 받아들였어요.

'수많은 사람들이 내 음악을 원하는구나. 나는 정말로 행복한 사람이야!'

베토벤은 다시 기운을 내서 작곡에 집중했어요.

이 무렵 베토벤은 교향곡 〈영웅〉을 작곡하고 있었어요.

"영웅은 인류를 위해 싸워 승리하는 사람이다. 이 곡은 프랑스 혁명\*이 낳은 영웅, 나폴레옹 보나파르트를 위한 곡이야!"

베토벤의 머릿속은 늘 음악에 관한 주제로 꽉 차 있었어요. '위대한 영웅'에 관한 것도 그런 주제 가운데 하나였어요.

---

\*프랑스 혁명: 1789년 왕이 지배하는 사회에 불만을 가진 프랑스 국민들이 시작한 혁명. 1799년에 나폴레옹이 정권을 잡을 때까지 이어졌어요.

그래서 프랑스에 나폴레옹이라는 위대한 장군이 나타나 전투에서 승리를 거듭한다는 소식을 들었을 때, 베토벤은 그에게 관심을 갖게 되었어요.

사람들은 나폴레옹이 질서를 잡아 평화를 되찾고, 프랑스 혁명이 가져온 변화를 더욱 발전시킬 것으로 기대했어요.

"나폴레옹이 이번에도 전투에서 이겼다네!"

"이런 뛰어난 장군이 있다는 건 우리 프랑스에 큰 축복이야. 암, 그렇고말고."

전 유럽이 나폴레옹 이야기로 떠들썩했어요.

베토벤에게도 나폴레옹을 숭배하는 마음이 솟구쳤어요. 그래서 베토벤은 나폴레옹이 사람들을 자유로 이끄는 영웅이라고 믿고, 그에게 바치기 위한 곡을 만들었던 거예요.

'나폴레옹이야말로 내가 꿈꾸던 영웅이야!'

그런데 1804년의 어느 날, 제자인 리스가 베토벤의 작업실로 허겁지겁 뛰어 들어왔어요.

"스승님, 큰일 났어요! 나폴레옹이 프랑스의 황제가 되었다고 합니다!"

그 소식을 듣고 베토벤은 크게 실망했어요.

"뭐라고? 나폴레옹은 가난한 사람들 편인 줄 알았는데, 속으로는 결국 황제가 되고 싶었던 건가? 용서할 수 없어!"

베토벤은 〈영웅〉 악보의 표지에 썼던 "나폴레옹에게 바친다"라는 글자를 펜으로 그어 지웠어요. 얼마나 세게 그었는지 종이가 찢어질 정도였어요.

그다음 해, 나폴레옹이 거느린 프랑스군이 무기를 들고 빈으로 쳐들어왔어요. 프랑스군 앞에서 연주해 달라는 제안을 받았지만, 베토벤은 딱 잘라 거절했어요.

1806년, 첫째 남동생 부부 사이에서 아들 카를이 태어났어요. 베토벤은 첫 조카인 카를의 탄생을 무척 반겼어요.

전쟁이 좀처럼 끝나지 않아 세상이 어수선한 속에서도 베토벤은 오로지 작곡에만 몰두했어요.

그렇게 귓병을 앓아 가며 고생한 끝에 탄생한 작품이 바로 교향곡 5번 〈운명〉이었어요. "운명은 이처럼 문을 두드리고 갑자기 찾아온다"라는 운명 그 자체를 악곡으로 표현한 곡이었지요.

'갑자기 밀어닥치듯 찾아오는 격렬한 운명이라는 폭풍, 떨리는 마음, 아픔, 괴로움……. 이윽고 운명을 받아들이고 평온함이 찾아온다…….'

베토벤은 점점 귀가 멀어 가는 자신의 운명과 그에 따른 마음의 변화를 교향곡 〈운명〉을 통해 전달하려 했어요.

〈운명〉과 함께 교향곡 6번 〈전원〉도 발표했어요.

이 무렵 베토벤은 풍요로운 자연을 즐길 수 있는 하일리겐슈타트에 가서 가끔 지내기도 했어요. 이곳은 그가 예전에 남동생들에게 편지를 썼던 곳이기도 해요.

귀가 안 들리게 된 후 베토벤이 음악을 들을 수 없는 것만큼이나 안타까워한 것이 있었어요. 그것은 바로 시골 풍경을 제대로 감상할 수 없게 되었다는 것이었지요.

베토벤은 숲길을 산책하는 것을 즐겼어요. 비록 귀로 듣지는 못했지만, 새 소리와 바람 소리 그리고 시냇물 소리가 자신의 마음속에 생생하게 살아 있는 것을 느꼈지요. 마음으로 소리를 들은 거예요.

어느 날, 숲속을 거닐던 베토벤 앞으로 작은 새가 가로질러 날아갔어요.

작은 새가 날아든 커다란 나뭇가지에 달린 나뭇잎들이 햇빛을 받아 반짝이며 마치 웃음꽃을 피우듯 흔들렸어요.

그 순간 베토벤의 마음도 빛에 사르르 녹아내리는 듯했어요.

'어쩜 이리도 아름다울까? 나도, 작은 새도 숲속에서 빛을 받아 반짝이고 있어!'

바로 이곳에서 영감을 받아 탄생한 것이 교향곡 6번 〈전원〉이에요.

〈전원〉의 도입부는 평온한 시골 마을의 풍경이 펼쳐지는 가운데 불어온 바람이 보리밭 위를 달려 나가듯 시작돼요.

이어서 작은 새가 지저귀고 시냇물 흐르는 소리가 들리며, 끝없이 펼쳐진 하늘 위로 구름이 피어오르고 바람이 지나가는 풍경이 그려지지요.

베토벤은 마음속으로 작은 새들의 지저귐을 들을 수 있었어요.

향기로운 꽃향기, 벌과 나비, 바람에 흔들리는 나무의 속삭임 같은 것들이 베토벤에게는 아름다운 음악처럼 들렸어요.

베토벤의 귓병이 더욱 나빠져 종이에 글로 써서 대화해야 했지만, 작곡을 향한 그의 열정은 사그라지지 않았어요.

음악가로서 여전히 많은 사람들에게 인정받았고, 그를 지지해 주는 친구도 있었기 때문이에요.

그 덕분에 베토벤은 더 이상 예전처럼 앞날을 걱정하며 고민하지 않게 되었어요.

'귀가 잘 들리지 않아도 내 마음을 사람들에게 음악으로 전할 수 있어!'

베토벤은 그렇게 마음을 다잡았어요.

베토벤은 귀가 안 들리는 것을 보완하기 위해, 연주하는 음이 진동으로 전해지는 피아노를 사용하는 등 여러 가지로 궁리를 거듭했어요. 친구들도 힘을 합해 그를 도와주었지요.

그러던 어느 날, 궁정에서 도구를 만들거나 고치는 일을 하는 친구 멜첼이 베토벤을 찾아왔어요.

"내가 꽤 좋은 걸 만들었어. 이걸 한번 써 봐."

멜첼이 내놓은 것은 금속으로 만든 기구였어요. 나팔이나 컵처럼 생긴 것이 몇 개 눈에 띄었어요.

"소리를 듣게 도와주는 기구인 보청기야. 귀에 대면 소리를 잘 들을 수 있어."

"뭐라고? 그거 대단한데!"

베토벤은 한 개씩 귀에 대고 피아노 소리가 잘 들리는지 확인해 보았어요. 그러더니 이내 눈을 반짝였어요.

"정말 좋은걸! 꼭 써 보고 싶어. 고마워, 멜첼!"

보청기는 실제로 베토벤에게 큰 도움이 되었어요. 멜첼은 그 후에도 곡의 빠르기를 나타내는 도구를 만들어 주었는데, '메트로놈'으로 불리는 이 도구는 지금도 전 세계에서 많은 사람들이 사용하고 있어요.

# 8 기쁨의 노래

베토벤이 마흔네 살이 되던 해, 안타깝게도 첫째 남동생이 세상을 떠나고 말았어요. 베토벤은 남동생의 아들인 아홉 살 난 조카 카를을 데려와 키우기로 결심했어요.

"카를, 이제부터는 나와 함께 살자. 너를 훌륭하게 키우겠다고 네 아버지와 약속했단다."

베토벤이 카를의 머리를 쓰다듬으며 말했어요. 카를은 슬픈 얼굴로 낯선 집을 둘러볼 뿐이었어요.

　베토벤은 카를을 자신의 친아들로 여기고 정성을 다해 키웠어요.

　하지만 베토벤도 몸이 건강하지 못한 데다, 집안일에 서툰 남자가 아이를 돌보는 일은 쉽지 않았어요.

　살림을 도와주는 아주머니가 있었지만 바뀐 환경에 적응하는 것은 베토벤과 카를 모두에게 힘든 일이었지요.

　베토벤은 귀가 잘 안 들려서 말할 때면 크게 소리를 지르곤 했기 때문에 어린 카를은 더 적응하지 못했어요.

베토벤에게 조카 카를은 기쁨과 위안을 주는 존재였지만, 카를은 수업 도중 학교를 빠져나오거나 때때로 집을 나가는 등 베토벤을 괴롭힐 뿐이었어요.

베토벤에게는 카를을 음악가로서 자신의 뒤를 이을 후계자로 만들고 싶다는 바람이 있었어요. 그래서 제자이자 훌륭한 피아니스트인 체르니를 카를의 피아노 스승으로 삼았어요. 음악을 배우는 학교에도 보냈지요.

그러나 베토벤이 카를을 데려와 키운 지 6년 정도 지난 어느 날이었어요.

"저는 군인이 되고 싶어요."

카를이 이렇게 종이에 써서 내밀었어요.

'그래. 카를도 이제 열여덟 살이나 됐으니, 그 아이의 장래에 대해 내가 이래라저래라 하는 건 옳지 않겠지.'

친아들처럼 소중히 생각하는 만큼 카를에 대한 베토벤의 고민은 계속되었어요.

한편, 베토벤은 작곡가로서 여전히 변함없는 인기를 누렸어요.

쉰네 살이 되던 1824년, 베토벤은 아홉 번째 교향곡인 〈합창〉을 완성했어요.

〈합창〉을 작곡할 무렵 베토벤은 거의 외톨이나 다름없었어요. 그를 후원하던 사람들 가운데에는 사소한 갈등으로 인해 베토벤에게 등을 돌린 사람도 있었어요.

귀가 안 들려 대화를 마음대로 할 수 없다 보니 베토벤의 성격은 점점 더 예민해졌고, 그런 이유로 오해를 사는 일이 많았기 때문이에요.

그리고 시간의 흐름 속에 세상을 떠난 사람도 있었어요.

그뿐만 아니라 베토벤은 작곡할 때도 자기가 치는 피아노 소리를 듣지 못해, 피아노 건반을 마치 두들겨 부수듯이 세게 내리치곤 했어요.

"소리를 못 듣는데 어떻게 작곡을 하지?"

사람들은 귀가 안 들리는 베토벤이 작곡하는 것을 신기하게 여겼어요. 그들은 베토벤이 자신이 작곡한 모든 음을 마음으로 듣고 있다는 사실을 알지 못했어요.

그해 5월, 베토벤은 빈 극장에서 이제 막 완성한 교향곡 〈합창〉의 연주회를 열었어요. 많은 관객들이 그가 오랜만에 발표한 새로운 작품을 감상하기 위해 모여들었지요.

'연주 시간만 한 시간이 넘는 작품이야. 오케스트라와 독창, 합창의 조합……. 지금까지 없었던 교향곡을 사람들에게 들려줘야지.'

　베토벤은 〈합창〉을 직접 지휘할 수는 없었지만, 지휘자의 옆에서 박자를 잡아 주고 곡의 빠르기를 지휘하며 연주가 잘 흘러가도록 도왔어요.

　드디어 연주가 시작되었어요.

　베토벤의 마음속 귀에 오케스트라의 음악이 울려 퍼졌어요.

　'사람들이 괴로워하는 온갖 고민거리를 음악으로 날려 버리고 싶어. 마음속 슬픔과 괴로움을 떨치게 해 주는 반짝이는 바람, 구름, 하늘과 모든 이들을 향한 사랑, 생명의 위대함을 느끼게 해 주는 거야.'

베토벤의 가슴은 뜨거운 감정으로 북받쳐 올랐어요. 이윽고 연주는 4악장 '환희의 송가' 합창으로 넘어갔어요.

프리드리히 실러라는 시인의 시에 감동한 베토벤이 그 시를 바탕으로 만든 곡이었어요.

> 위대한 하늘의 선물을 받은 자여,
> 진실된 우정을 얻은 자여,
> 여성의 따뜻한 사랑을 받은 자여,
> 다 함께 환희의 노래를 부르자!

'이 세상에 단 한 사람이라도 마음이 통하는 사람이 있다는 것은 참으로 멋진 일이다. 비록 그런 이가 없을지라도 살아 있다는 것 자체가 기쁜 일이다…….'

'환희의 송가'는 귀가 들리지 않아 가장 좋아하는 음악을 들을 수 없게 되고, 곡을 만들기도 어려웠던 베토벤이 괴로운 나날을 보내며 만든 곡이었어요. 또한 살아 있다는 것 자체가 얼마나 멋진 일인지를 담은, 모든 사람을 향한 베토벤의 사랑을 표현한 기쁨의 노래였지요.

 잠시 후, 관객들이 꽉 들어찬 극장 안을 가득 울린 연주와 합창이 모두 끝났어요.

 이윽고 객석에서 우레와 같은 함성과 박수 소리가 터져 나왔어요. 그러나 객석을 등진 채 서 있던 베토벤에게는 아무 소리도 들리지 않았어요.

 그러자 한 여자 가수가 다가오더니 마치 "이쪽이에요."라고 말하듯 베토벤의 팔을 잡고, 그가 객석을 바라보도록 안내해 주었어요.

 바로 그때였어요.

"와-!"

마치 극장을 뒤흔들 듯 객석에서 터져 나오는 커다란 환호성이 베토벤의 눈에 들어왔어요.

극장 안을 가득 메운 박수와 베토벤을 칭찬하는 소리, 감동을 표현하는 외침까지……. 비록 귀는 들리지 않았지만, 온몸이 떨릴 정도로 그 모든 것이 그대로 전해져 왔어요. 베토벤은 가슴에 손을 얹고 허리를 숙여 인사했어요.

'닿았다…….'

베토벤은 자기가 만든 기쁨의 노래가 비로소 사람들의 마음에 가닿은 것을 느낄 수 있었어요.

'어머니, 할아버지. 제가…… 해냈습니다!'

베토벤은 어린 시절에 그랬듯, 마음속으로 어머니와 할아버지에게 속삭였어요. 어디선가 두 사람의 웃음소리가 들려오는 것만 같았어요.

그 후에도 베토벤은 몇 개의 곡을 더 만들었고, 열 번째 교향곡도 작곡하기 시작했어요. 하지만 교향곡 9번 〈합창〉을 대중에게 선보인 지 2년 후, 심각한 폐렴에 걸리는 바람에 그 곡은 완성할 수 없었어요. 게다가 다른 병까지 앓게 되면서 베토벤은 몇 번이나 수술을 받아야 했고, 결국 마음의 준비를 하기에 이르렀지요.

더 이상 침대에서 일어날 수조차 없게 된 베토벤의 눈에 비친 것은 그리운 고향 본의 경치였어요.

반짝이는 강물 위를 오가는 배와 숲의 나무를 깎아 만든 뗏목.

강에서 피어오르는 안개에 둘러싸인 나무들 너머로 가을 색으로 물든 산들이 이어지고, 그 사이로 오래된 성들이 우두커니 서 있는 모습까지…….

'고향이여, 아름다운 경치가 지금 내 눈앞에 선명

하게 보이는구나. 내가 그 마을에서 살 때 보았던 그 경치 그대로……'

 베토벤은 마음속 깊이 새겨진 고향의 모습을 사랑스러운 눈으로 바라보았어요.

 베토벤의 병에 관한 소식은 많은 사람들에게 알려졌어요. 매일 수많은 사람들이 병문안을 위해 베토벤의 집을 찾았지요. 빈과 외국에 있는 친구들을 비롯해 아는 사람들로부터 여러 가지 선물도 배달되었어요. 친구들과 제자들은 번갈아 가며 베토벤의 곁을 지키며 간호했어요. 함께 음악 작업을 했던 사람들은 베토벤에게 그의 음악이 빈 사람들에게 얼마나 사랑받고 있는지 알려 주었어요.

 무엇보다 베토벤을 기쁘게 했던 것은 군에 입대한 후 먼 곳으로 떠난 카를에게서 온 편지였어요. 그 편지에는 "나의 소중한 아버지에게"라고 적혀 있었지요.

'오, 카를……. 나의 귀한 아들, 고맙다.'

1827년 1월, 베토벤은 사랑하는 조카 카를에게 자신의 모든 재산을 넘겨주기로 했어요.

그로부터 두 달 뒤인 3월 26일, 계절에 걸맞지 않은 천둥소리가 하늘에 울려 퍼졌어요.

그 순간 베토벤은 눈을 크게 부릅뜬 채로 오른손 주먹을 번쩍 치켜들더니 한곳을 계속 바라보았어요. 잠시 후 그의 오른손이 침대 위로 조용히 툭 떨어졌어요. 창가의 봄눈이 번개의 빛으로 반짝였어요. 그리고 베토벤은 조용히 숨을 거두었어요.

베토벤의 장례식은 빈의 한 교회에서 열렸어요. 빈의 여러 음악가와 친한 친구들, 제자들이 월계수로 장식한 그의 관을 짊어졌지요.

궁정 사람들을 비롯해 빈의 시민들까지 수천 명이 모여 눈물을 흘렸어요. 그 가운데에는 베토벤을 동

경하던 젊은 작곡가 슈베르트도 있었어요. 그는 체르니와 함께 베토벤의 관을 옮겼어요.

베토벤의 묘비 앞에서 어느 극작가가 이렇게 말했어요.

"그가 남긴 폭풍 같은 음악의 강렬함에 감동받았을 때, 그리고 그의 음악이 새로운 세대로 이어졌을 때 우리는 오늘을 기억합시다……."

베토벤은 다음과 같은 말을 남겼어요.

"내가 죽고 난 후에도 절대로 나를 잊지 말아 주십시오."

베토벤이 세상을 뜬 지도 어느덧 약 200년이 지났어요. 그러나 누구도 베토벤을 잊지 않았지요.

'악성*'으로 불리며 칭송받던 베토벤의 음악은 지금까지도 많은 사람들의 마음속에 울려 퍼지고 있어요.

---

*악성: 매우 뛰어난 음악가를 높여 부르는 말.

**인물**에 관하여

# 천재가 세상에 남기고 간 선물

　베토벤과 같은 천재는 수백 년에 한 번, 아니 천 년에 딱 한 번 태어날지도 몰라요. 베토벤은 사람들에게 자신의 곡을 꼭 들려주고 싶다는 간절한 마음을 담아 음악을 만들었어요. 베토벤의 음악은 그가 어린 시절부터 열심히 노력하고 힘든 경험도 이겨 내며 만들어 낸 것이기에, 오랜 세월이 지난 오늘날까지도 사람들의 마음에 더 큰 감동을 주는 것 같아요.
　베토벤은 귀가 들리지 않게 된 후에도 숲이나 새, 반짝이는 바람, 흘러가는 구름 등과 하나가 되어 음악을 만들

었어요. 마음속 괴로움과 고뇌를 극복하고 자연과 사람을 사랑한 베토벤이 결국 우리에게 멋진 음악을 선물한 거예요.

  베토벤이 살았던 당시는 지금처럼 음악을 녹음해서 들을 수 없는 시대였어요. 그래서 사람들은 생생한 피아노나 오케스트라 연주를 통해 베토벤의 음악을 듣고 감동했지요. 그 시대로부터 약 200년이라는 세월이 지난 지금도 전 세계 사람들에게 여전히 깊은 감동을 준다는 것은 진정으로 대단한 일이에요.

  사람은 누구나 살아가면서 기쁜 일과 힘든 일을 경험해요. 베토벤이 귓병으로 몹시 괴로운 나날을 보내면서도 많은 사람들의 마음을 움직이는 훌륭한 곡을 만든 것을 보면, 우리도 힘든 일을 극복하면 분명 무언가 멋진 일을 만들어 낼 수 있을지도 모른다고 기대하게 돼요.

  그리고 어떤 큰 어려움을 만났을 때 베토벤이 생전에 바랐듯, 그의 곡을 듣거나 연주하는 것으로 큰 용기를 얻을 수 있을지도 모르지요.

# 더욱더 알고 싶은 베토벤 이야기

## 특종! 베토벤은 위험인물!?

### 스파이의 감시를 받다!

베토벤이 빈에서 생활하던 무렵, 그가 왕을 반대하는 인물이라는 소문이 퍼지면서 스파이의 감시를 받았다는 이야기가 있어요.

당시 베토벤이 음악 활동을 하며 알게 된 많은 사람들 중에는 왕을 싫어하는 사람들이 있었어요. 이 때문에 베토벤도 그들과 한패일지 모른다는 의심을 받은 것 같아요. 실제로 베토벤이 활동하던 시기에 빈에는 많은 스파이가 있었다고 해요.

© wikimedia commons

### 경악! 천재 작곡가에 관한 재미있는 이야기
— 엉뚱한 행동을 자주 했다고? —

**작곡한 악보를 읽을 수 없었다!**
베토벤의 악보는 마치 암호처럼 그려져 있어서 다른 사람이 읽을 수 없을 정도였어요. 이 때문에 제자와 전문가가 깨끗이 옮겨 적느라 무척 고생했답니다.

**60번 이상 이사했다!**
베토벤이 이사한 횟수는 무려 60번이 넘었다고 해요. 작곡을 위한 기분 전환 때문이라거나, 어질러 놓은 방을 청소하는 것을 귀찮아했기 때문이라는 소문이 있어요.

**매일 커피콩 수를 세었다!**
베토벤은 정확히 60개의 커피콩으로 커피를 만들어 마셨다고 해요.

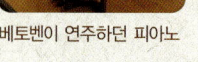
베토벤이 연주하던 피아노

베토벤이 그린 것으로 알려진 악보

© shutterstock

### 공개합니다! 베토벤이 지닌 물건

빈에서 막 생활하기 시작했을 무렵의 물건 일부예요. 베토벤다운 모습을 엿볼 수 있을까요?

**주변 사람들과 주고받은 편지**
베토벤은 빈에서 지내는 동안 주변 사람들과 많은 편지를 주고 받았어요.
© wikimedia commons

**신사의 가발**
당시 예의를 갖추어야 하는 자리에서는 가발을 쓰는 것이 매너였어요. 그러나 옷차림에 신경 쓰지 않았던 베토벤은 가발을 거의 쓰지 않았던 것으로 보여요.
© shutterstock

### 베토벤이 내는 퀴즈!

# 다음은 무슨 곡일까요?

『교향곡 5번 〈운명〉』, 『피아노 소품 (바가텔) 〈엘리제를 위하여〉』, 『교향곡 9번 4악장 '환희의 송가'』 중 하나예요. 답은 아래에 있어요.

※악보는 간략하게 표기한 것입니다.

①  '빰빰빰 빰!'이라는 도입부로 유명한 곡이야.

미 미 미 도 레 레 레 시
(원곡: 다단조)

②  한 해가 끝날 때쯤 합창곡으로 많이 연주되지.

미 미 파 솔 솔 파 미 레 도 도
(원곡: 라단조)

③  테레제라는 여성에게 바친 피아노 곡이야. 하지만 내가 쓴 글자를 잘못 읽는 바람에 엘리제로 불리게 된 것 같아.

미 레 미 레 미 시 레 도 라
(원곡 그대로)

**퀴즈 정답** ①『교향곡 5번 〈운명〉』 ②『교향곡 9번 4악장 '환희의 송가'』 ③『피아노 소품 (바가텔) 〈엘리제를 위하여〉』

## 베토벤에 대해 알려 줘
# 제자 체르니 전격 인터뷰!

체르니

처음 베토벤 선생님을 만났을 땐 로빈슨 크루소인 줄 알았어요. 옷차림이 정돈되지 않아서, 마치 무인도에서 수십 년간 생활한 모험 이야기의 주인공처럼 보였거든요.
어느 날엔 선생님이 덥수룩한 머리카락으로 번화가에서 "나는 베토벤이다!" 하고 소리를 질렀다가 경찰에 잡혀간 적도 있어요. 유명한 음악가라는 말을 믿지 않았던 것 같아요.

### 지휘봉을 사용하지 않는다!?

이 책에서 지휘하는 베토벤의 손에 지휘봉이 없다는 걸 알아챘나요? 당시엔 지휘봉을 널리 사용하지 않았답니다.

## 사진으로 보자!
# 베토벤이 살던 곳

베토벤이 살던 집의 현재 모습이에요.

본에 위치한 베토벤 생가

© wikimedia commons

베토벤이 몇 번이나 방문했던 빈의 궁정

© wikimedia commons

베토벤이 휴양하러 갔던 빈의 하일리겐슈타트

## 베토벤 연표

| 연도 | 나이 | 내용 |
|---|---|---|
| 1770년 | 0세 | 12월 신성로마제국(지금의 독일 등)의 본에서 태어남. |
| 1776년 | 5세 | 피아노를 배우기 시작함. |
| 1778년 | 7세 | 연주회에서 피아니스트로 데뷔함. |
| 1787년 | 16세 | 빈으로 건너가 모차르트와 만남. |
| 1789년 | 18세 | 프랑스 혁명이 일어남. |
| 1792년 | 21세 | 빈으로 가서 하이든의 제자가 됨. |
| 1795년 | 24세 | 빈에서 처음으로 음악회를 개최함. |
| 1798년 | 27세 | 이 무렵부터 귀가 잘 안 들리기 시작함. |
| 1808년 | 37세 | 교향곡 〈운명〉과 〈전원〉을 발표함. |
| 1827년 | 56세 | 빈에서 숨을 거둠. |

## 올바른 독서 방법

올바른 독서 과정은 글을 읽기 전, 읽는 중, 읽은 후로 구분해요. 특히 책을 읽은 후에 하는 활동은 논리력과 표현력을 높이는 데에 반드시 필요하답니다.

| 독서 과정 | 독자의 역할 |
|---|---|
| 읽기 전 | ·제목이나 차례를 보고 내용 상상하기<br>·표지와 본문의 글, 그림 등을 보며 내용 예측하기<br>·공책에 궁금한 점 적기 |
| 읽는 중 | ·글의 내용이나 장면을 머릿속에 떠올리기<br>·글 속에 숨어 있는 내용이나 글쓴이의 생각 파악하기<br>·인상적인 표현과 중요한 내용에 밑줄을 긋거나 따로 표시하기<br>·읽기 전에 궁금했던 내용 확인하기 |
| 읽은 후 | ·줄거리를 요약하고 주제 파악하기<br>·글에 대한 자신의 생각 정리하기<br>·등장인물이 되어 상상하기 |

## 더 생각해 보기

**1** 베토벤은 어릴 때 여러 음악가에게 가르침을 받고, 많은 아이들을 가르치기도 했어요. 여러분도 친구들과 어울리며 서로 배우고 가르쳐 준 경험이 있다면 적어 보세요.

**2** 베토벤은 귀가 점점 들리지 않는 병에 걸렸지만 좌절하지 않고 음악 활동을 계속했어요. 여러분도 어려운 일을 이겨낸 경험이 있다면 적어 보세요.

**편지 쓰기**  음악 천재 베토벤에게 편지를 써 보세요.

모차르트, 하이든 등 다른 등장인물에게 편지를 써 보세요.

# 독서 기록장

**도서명**

**지은이**

**등장인물**

**기억에 남는 장면**

## 줄거리와 느낀 점

**독서 기록장** **등장인물**

이름

모습을 그리세요.

어떤 사람인지 쓰세요.

이름

모습을 그리세요.

어떤 사람인지 쓰세요.

**글 고시미즈 리에코**
작가이며 도호쿠예술공과대학 객원교수 입니다. 일본펜클럽, 일본아동문학자협회, 일본아동문예가협회 소속입니다. 《바람의 러브송》으로 예술선장 신인상, 일본아동문학자협회 신인상을 수상하였습니다. 《바람 속에 서 있는 아이》로 일본아동문예가협회상 수상하였고 그 밖의 저서로는 《열 살까지 읽고 싶은 일본 명작 도카이도주히자쿠리게》(각켄) 외 다수가 있습니다.

**그림 욘**
일본 니이가타현 출생의 일러스트레이터 입니다. 삽화를 그린 작품으로는 《수수께끼 내기》, 《전설의 마녀》(포플러사), 《낮잠공주~모르는 나의 이야기~》, 《공포 수집가》시리즈(가도카와), 《열 살까지 읽고 싶은 일본 명작 고사기》(각켄) 등이 있습니다.

**감수 히라노 아키라**
무사시노음악대학 대학원을 수료하였고 게이오기주쿠대학 문학부 교수, 시즈오카문화예술대학 명예 교수를 역임하였습니다. 18~19세기 독일 음악을 전공했습니다. 저서로는 《작곡가·사람과 작품 베토벤》(음악의 친구사), 《베토벤 사전》(도쿄서적) 등 다수가 있습니다. 일간지나 음악 잡지 집필, 방송 출연 등 음악 평론가로서도 폭넓게 활약하고 있습니다.

**번역 이미향**
고려대학교에서 일어일문학을 공부하고, 일본 문부성 장학생으로 동경대학교에서 9년간 연구원 과정을 거친 뒤 석사, 박사 학위를 받았습니다. 그 후 꾸준히 대학에서 강의를 하다가 현재는 출판 번역 에이전시 유엔제이에서 도서 번역가로 활동하고 있습니다. 번역한 책으로는 《힌트, 하늘을 나는 교실》, 《세븐틴(출간 예정)》, 《왕따시키는 친구에 펀치 한 방!(출간 예정)》 등이 있습니다.

2024년 9월 30일 1판 1쇄 발행

글 **고시미즈 리에코** | 그림 **욘**
감수 **히라노 아키라** | 번역 **이미향**
펴낸이 **문제천** | 펴낸곳 **㈜은하수미디어**
편집진행 **문미라** | 편집 **방기은** | 편집 지원 **김혜영**
디자인 **정수연** | 디자인 지원 **김지현** | 제작책임 **문제천**
주소 서울시 송파구 송이로32길 18, 405 (문정동, 4층)
대표전화 (02)449-2701 | 팩스 (02)404-8768 | 편집부 (02)3402-1386
출판등록 제22-590호 (2000. 7. 10.)
ⓒ 2024, Eunhasoo Media Publishing Co., Ltd.

Beethoven
ⓒR.Koshimizu & Yon 2018
First published in Japan 2018 by Gakken Plus Co., Ltd., Tokyo
Korean translation rights arranged with Gakken Inc.
through JM Contents Agency Co.

이 책의 한국어판 저작권은 Gakken Inc. 와 JMCA 에이전시를 통해 독점 계약으로 ㈜은하수미디어에 있습니다.
저작권법에 의해 한국 내에서 보호를 받는 저작물이므로 무단 전재 및 무단 복제를 금합니다.

**주의!** 종이가 날카로워 손을 베일 수 있으므로 주의하십시오.
파본은 구입처에서 교환해 드립니다. 사용 중 발생한 파손은 교환 대상에 해당되지 않습니다.

* 사진 출처 ⓒ wikimedia commons / ⓒ shutterstock
* 책 속 부록(147~155쪽)은 한국 어린이들을 위해 ㈜은하수미디어에서 새로 쓴 내용입니다.